新编21世纪高等职业教育精品教材
通识课系列

普通话推广及水平测试指导教程

主　编　赵红霞　周长文
副主编　沙　漠　黄振江　于　淼
参　编　（以姓氏笔画为序）
田荆华　乔　婷　孙阿琳　孙　敏　李　静
李璐良　杨　茜　杨　馨　张妍彤　张　艳
苗　方　范盛然　庞永冰　赵　颖　徐　蓓

中国人民大学出版社
·北京·

图书在版编目（CIP）数据

普通话推广及水平测试指导教程/赵红霞，周长文主编．--北京：中国人民大学出版社，2021.8

新编21世纪高等职业教育精品教材．通识课系列

ISBN 978-7-300-29695-1

Ⅰ.①普… Ⅱ.①赵… ②周… Ⅲ.①普通话一高等职业教育一教材 Ⅳ.①H102

中国版本图书馆CIP数据核字（2021）第146478号

新编21世纪高等职业教育精品教材·通识课系列

普通话推广及水平测试指导教程

主　编　赵红霞　周长文

副主编　沙　漠　黄振江　于　森

参　编　（以姓氏笔画为序）

田荆华　乔　婷　孙阿琳　孙　敏　李　静　李璐良　杨　茜　杨　馨

张妍彤　张　艳　苗　方　范盛然　庞永冰　赵　颖　徐　蓓

Putonghua Tuiguang ji Shuiping Ceshi Zhidao Jiaocheng

出版发行	中国人民大学出版社		
社　址	北京中关村大街31号	邮政编码	100080
电　话	010－62511242（总编室）		010－62511770（质管部）
	010－82501766（邮购部）		010－62514148（门市部）
	010－62515195（发行公司）		010－62515275（盗版举报）
网　址	http：//www.crup.com.cn		
经　销	新华书店		
印　刷	天津中印联印务有限公司		
开　本	787 mm×1092 mm　1/16	版　次	2021年8月第1版
印　张	11.5	印　次	2024年1月第4次印刷
字　数	245 000	定　价	35.80元

前言

语言是人类最重要的沟通工具和信息载体之一，是人类最基本的交际工具，是协调社会生产、生活和学习的最基本的交流工具，推广普通话是我国宪法规定的一项基本国策。

普通话水平测试是一项国家级测试，是贯彻推广普通话这一国策的具体措施。为加大推广普通话和规范用字的力度，培养学生养成良好的语言文字习惯，提高参加普通话水平测试的能力，根据《普通话水平测试大纲》的规定和《普通话水平测试纲要》的要求，结合普通话水平测试的新任务、新要求，由从事多年普通话教学和普通话水平测试的教师协力编写本教材。

本教材内容不仅涉及《普通话水平测试大纲》的各个知识点，包括普通话语音系统中声母、韵母、声调、音变等基础知识，还从普通话水平测试实际出发，全面介绍了与普通话水平测试相关的政策及测试程序，并配有模拟测试题、几十余篇朗读作品和六百余组容易误读词语供学习者反复练习使用。

本教材深入贯彻党的二十大精神，全面融入社会主义核心价值观，立足于普通话语言的规范标准，对普通话的基础知识进行了全方位、深入浅出的讲解，贯彻“精讲多练”原则，注重内容的实用性、针对性和可读性；理论知识简明，训练材料丰富，可供普通高等院校各专业学生作为教材使用，同时也可作为各行业普通话培训教材及备考普通话水平测试的参考书。

由于编者水平所限，不足之处在所难免，敬请各界人士提出宝贵意见。

编者

目　录

第一篇　普通话水平测试介绍

第二篇　普通话语音知识

第三篇 普通话水平测试专项指导

第四篇 普通话水平测试练习

第一篇

普通话水平测试介绍

一、 普通话水平测试简介

《中华人民共和国宪法》第19条第5款规定："国家推广全国通用的普通话。"

普通话是以汉语授课的各级各类学校的教学语言；是以汉语传送的各级广播电台、电视台的规范语言，是汉语电影、电视剧、话剧必须使用的规范语言；是全国党政机关、团体、企事业单位干部在公务活动中必须使用的工作语言；是不同方言区及国内不同民族之间的通用语言。

掌握和使用一定水平的普通话是社会各行各业人员，特别是教师、播音员、节目主持人、演员等专业人员必备的职业素质。因此，有必要在一定范围内对某些岗位的人员进行普通话水平测试，并逐步实行持普通话等级证书上岗制度。普通话水平测试，不是普通话系统知识的考试，不是文化水平的考核，也不是口才的评估，是对应试者运用普通话所达到的标准程度的检测和评定。

普通话水平测试采用计算机辅助测试系统。"单音节字""多音节词语""朗读"三项由计算机辅助普通话水平测试系统自动评分，"说话"部分由省（自治区、直辖市）中心系统调配测试员通过网络在线评分。

普通话水平测试大纲

根据教育部、国家语言文字工作委员会发布的《普通话水平测试管理规定》《普通话水平测试等级标准》，制定本大纲。

一、测试的名称、性质、方式

本测试定名为"普通话水平测试"（PUTONGHUA SHUIPING CESHI，缩写为PSC)。

普通话水平测试测查应试人的普通话规范程度、熟练程度，认定其普通话水平等级，属于标准参照性考试。本大纲规定测试的内容、范围、题型及评分系统。

普通话水平测试以口试方式进行。

二、测试内容和范围

普通话水平测试的内容包括普通话语音、词汇和语法。

普通话水平测试的范围是国家测试机构编制的《普通话水平测试用普通话词语表》《普通话水平测试用普通话与方言词语对照表》《普通话水平测试用普通话与方言常见语法差异对照表》《普通话水平测试用朗读作品》《普通话水平测试用话题》。

三、试卷构成和评分

试卷包括5个组成部分，满分为100分。

（一）读单音节字词（100个音节，不含轻声、儿化音节），限时3.5分钟，共10分。

1. 目的：测查应试人声母、韵母、声调读音的标准程度。

2. 要求：

（1）100个音节中，70％选自《普通话水平测试用普通话词语表》“表一”，30％选自“表二”。

（2）100个音节中，每个声母出现次数一般不少于3次，每个韵母出现次数一般不少于2次，4个声调出现次数大致均衡。

（3）音节的排列要避免同一测试要素连续出现。

3. 评分：

（1）语音错误，每个音节扣0.1分。

（2）语音缺陷，每个音节扣0.05分。

（3）超时1分钟以内，扣0.5分；超时1分钟以上（含1分钟），扣1分。

（二）读多音节词语（100个音节），限时2.5分钟，共20分。

1. 目的：测查应试人声母、韵母、声调和变调、轻声、儿化读音的标准程度。

2. 要求：

（1）词语的70％选自《普通话水平测试用普通话词语表》“表一”，30％选自“表二”。

（2）声母、韵母、声调出现的次数与读单音节字词的要求相同。

（3）上声与上声相连的词语不少于3个，上声与非上声相连的词语不少于4个，轻声不少于3个，儿化不少于4个（应为不同的儿化韵母）。

（4）词语的排列要避免同一测试要素连续出现。

3. 评分：

（1）语音错误，每个音节扣0.2分。

（2）语音缺陷，每个音节扣0.1分。

（3）超时1分钟以内，扣0.5分；超时1分钟以上（含1分钟），扣1分。

（三）选择判断[注]，限时3分钟，共10分。

1. 词语判断（10组）

（1）目的：测查应试人掌握普通话词语的规范程度。

（2）要求：根据《普通话水平测试用普通话与方言词语对照表》，列举10组普通话与方言意义相对应但说法不同的词语，由应试人判断并读出普通话的词语。

（3）评分：判断错误，每组扣0.25分。

2. 量词、名词搭配（10组）

（1）目的：测查应试人掌握普通话量词和名词搭配的规范程度。

（2）要求：根据《普通话水平测试用普通话与方言常见语法差异对照表》，列举10个名词和若干量词，由应试人搭配并读出符合普通话规范的10组名量短语。

(3) 评分：搭配错误，每组扣0.5分。

3. 语序或表达形式判断（5组）

(1) 目的：测查应试人掌握普通话语法的规范程度。

(2) 要求：根据《普通话水平测试用普通话与方言常见语法差异对照表》，列举5组普通话和方言意义相对应，但语序或表达习惯不同的短语或短句，由应试人判断并读出符合普通话语法规范的表达形式。

(3) 评分：判断错误，每组扣0.5分。

选择判断合计超时1分钟以内，扣0.5分；超时1分钟以上（含1分钟），扣1分。答题时语音错误，每个音节扣0.1分，如判断错误已经扣分，不重复扣分。

（四）朗读短文（1篇，400个音节），限时4分钟，共30分。

1. 目的：测查应试人使用普通话朗读书面作品的水平。在测查声母、韵母、声调读音标准程度的同时，重点测查连读音变、停连、语调以及流畅程度。

2. 要求：

(1) 短文从《普通话水平测试用朗读作品》中选取。

(2) 评分以朗读作品的前400个音节（不含标点符号和括注的音节）为限。

3. 评分：

(1) 每错1个音节，扣0.1分；漏读或增读1个音节，扣0.1分。

(2) 声母或韵母的系统性语音缺陷，视程度扣0.5分、1分。

(3) 语调偏误，视程度扣0.5分、1分、2分。

(4) 停连不当，视程度扣0.5分、1分、2分。

(5) 朗读不流畅（包括回读），视程度扣0.5分、1分、2分。

(6) 超时扣1分。

（五）命题说话，限时3分钟，共30分。

1. 目的：测查应试人在无文字凭借的情况下说普通话的水平，重点测查语音标准程度、词汇语法规范程度和自然流畅程度。

2. 要求：

(1) 说话话题从《普通话水平测试用话题》中选取，由应试人从给定的两个话题中选定1个话题，连续说一段话。

(2) 应试人单向说话。如发现应试人有明显背稿、离题、说话难以继续等表现时，主试人应及时提示或引导。

3. 评分：

(1) 语音标准程度，共20分。分六档：

一档：语音标准，或极少有失误。扣0分、0.5分、1分。

二档：语音错误在10次以下，有方音但不明显。扣1.5分、2分。

三档：语音错误在10次以下，但方音比较明显；或语音错误在10次～15次之间，有方音但不明显。扣3分、4分。

四档：语音错误在10次～15次之间，方音比较明显。扣5分、6分。

五档：语音错误超过15次，方音明显。扣7分、8分、9分。

六档：语音错误多，方音重。扣10分、11分、12分。

(2) 词汇语法规范程度，共5分。分三档：

一档：词汇、语法规范。扣0分。

二档：词汇、语法偶有不规范的情况。扣0.5分、1分。

三档：词汇、语法屡有不规范的情况。扣2分、3分。

(3) 自然流畅程度，共5分。分三档：

一档：语言自然流畅。扣0分。

二档：语言基本流畅，口语化较差，有背稿子的表现。扣0.5分、1分。

三档：语言不连贯，语调生硬。扣2分、3分。

说话不足3分钟，酌情扣分：缺时1分钟以内（含1分钟），扣1分、2分、3分；缺时1分钟以上，扣4分、5分、6分；说话不满30秒（含30秒），本测试项成绩计为0分。

四、应试人普通话水平等级的确定

国家语言文字工作部门发布的《普通话水平测试等级标准》是确定应试人普通话水平等级的依据。测试机构根据应试人的测试成绩确定其普通话水平等级，由省、自治区、直辖市以上语言文字工作部门颁发相应的普通话水平测试等级证书。

普通话水平划分为三个级别，每个级别内划分两个等次。其中：

97分及其以上，为一级甲等；

92分及其以上但不足97分，为一级乙等；

87分及其以上但不足92分，为二级甲等；

80分及其以上但不足87分，为二级乙等；

70分及其以上但不足80分，为三级甲等；

60分及其以上但不足70分，为三级乙等。

[注] 各省、自治区、直辖市语言文字工作部门可以根据测试对象或本地区的实际情况，决定是否免测“选择判断”测试项。如免测此项，“命题说话”测试项的分值由30分调整为40分。评分档次不变，具体分值调整如下：

(1) 语音标准程度的分值，由20分调整为25分。

一档：扣0分、1分、2分。

二档：扣3分、4分。

三档：扣5分、6分。

四档：扣7分、8分。

五档：扣9分、10分、11分。

六档：扣12分、13分、14分。

(2) 词汇语法规范程度的分值，由5分调整为10分。

一档：扣0分。

二档：扣 1 分、2 分。

三档：扣 3 分、4 分。

(3) 自然流畅程度，仍为 5 分，各档分值不变。

普通话水平测试等级标准

一级

甲等　朗读和自由交谈时，语音标准，词汇、语法正确无误，语调自然，表达流畅。测试总失分率在 3%以内。

乙等　朗读和自由交谈时，语音标准，词汇、语法正确无误，语调自然，表达流畅。偶然有字音、字调失误。测试总失分率在 8%以内。

二级

甲等　朗读和自由交谈时，声韵调发音基本标准，语调自然，表达流畅。少数难点音（平翘舌音、前后鼻尾音、边鼻音等）有时出现失误。词汇、语法极少有误。测试总失分率在 13%以内。

乙等　朗读和自由交谈时，个别调值不准，声韵母发音有不到位现象。难点音较多（平翘舌音、前后鼻尾音、边鼻音、fu—hu、z—zh—j、送气不送气、i—ü 不分，保留浊塞音、浊塞擦音、丢介音、复韵母单音化等），失误较多。方言语调不明显。有使用方言词、方言语法的情况。测试总失分率在 20%以内。

三级

甲等　朗读和自由交谈时，声韵调发音失误较多，难点音超出常见范围，声调调值多不准。方言语调较明显。词汇、语法有失误。测试总失分率在 30%以内。

乙等　朗读和自由交谈时，声韵调发音失误较多，方音特征突出。方言语调明显。词汇、语法失误较多。外地人听其谈话有听不懂的情况。测试总失分率在 40%以内。

二、有关行业人员普通话合格标准

根据各行业的规定，有关从业人员的普通话水平达标要求如下：

1. 中小学及幼儿园、校外教育单位的教师，普通话水平不低于二级，其中语文教师不低于二级甲等，普通话语音教师不低于一级。

2. 高等学校的教师，普通话水平不低于三级甲等，其中现代汉语教师不低于二级甲等，普通话语音教师不低于一级；对外汉语教学教师，普通话水平不低于二级甲等。

3. 对外汉语教学教师，普通话水平不低于二级甲等。

4. 报考中小学、幼儿园教师资格的人员，普通话水平不低于二级。

5. 师范类专业以及各级职业学校的与口语表达密切相关专业的学生，普通话水平不低于二级。

6. 国家公务员，普通话水平不低于三级甲等。

7. 国家级和省级广播电台、电视台的播音员、节目主持人，普通话水平应达到一级甲等，其他广播电台、电视台的播音员、节目主持人的普通话达标要求按国家广播电视总局的规定执行。

8. 话剧、电影、电视剧、广播剧等表演、配音演员，播音、主持专业和影视表演专业的教师、学生，普通话水平不低于一级。

9. 公共服务行业的特定岗位人员（如广播员、解说员、话务员等），普通话水平不低于二级甲等。

普通话水平应达标人员的年龄上限以有关行业的文件为准。

三、计算机辅助普通话水平测试操作流程

计算机辅助测试的每一步骤，电脑页面均有提示，考生只需依照提示依次进行，便可顺利完成测试。

（一）佩戴耳机（如图 1-1 所示）

1. 请您就座后戴上耳机，并将话筒置于口腔前方。

2. 戴好耳机后请点击“下一步”按钮。

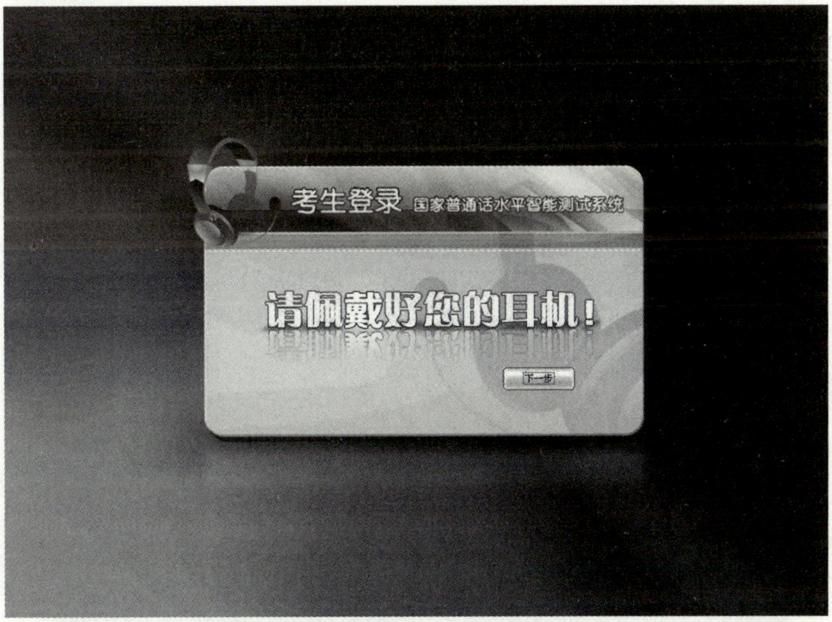

图 1-1　佩戴耳机

（二）考生登录（如图 1-2 所示）

1. 输入您的准考证号。
2. 单击“进入”按钮继续。
3. 如果输入有误，单击“修改”按钮重新输入。

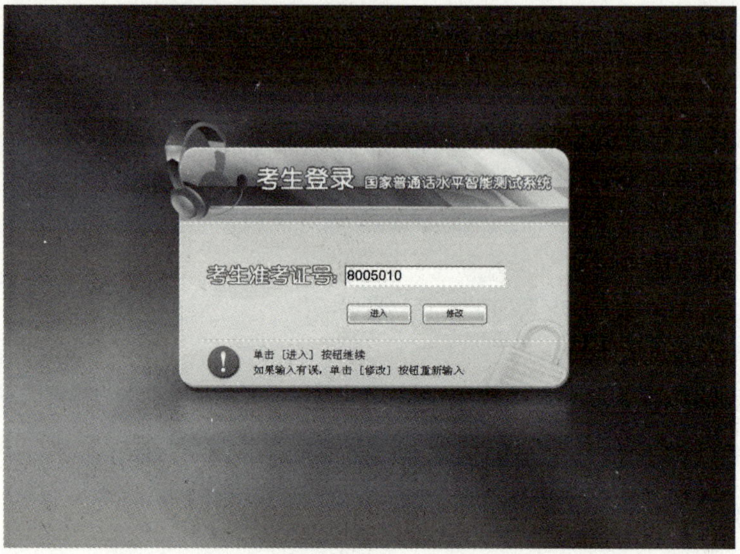

图 1-2　考生登录

（三）核对信息（如图 1-3 所示）

1. 请仔细核对您的个人信息。

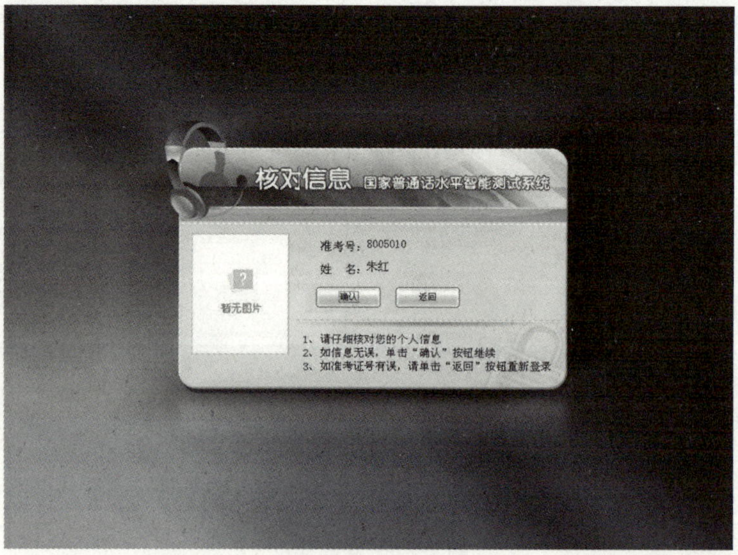

图 1-3　核对信息

2. 如信息无误，单击“确认”按钮继续。
3. 如准考证号有误，请单击“返回”按钮重新登录。
4. 如其他信息有误，请在考试结束后联系监考老师更改。

（四）确认试卷（如图 1-4 所示）

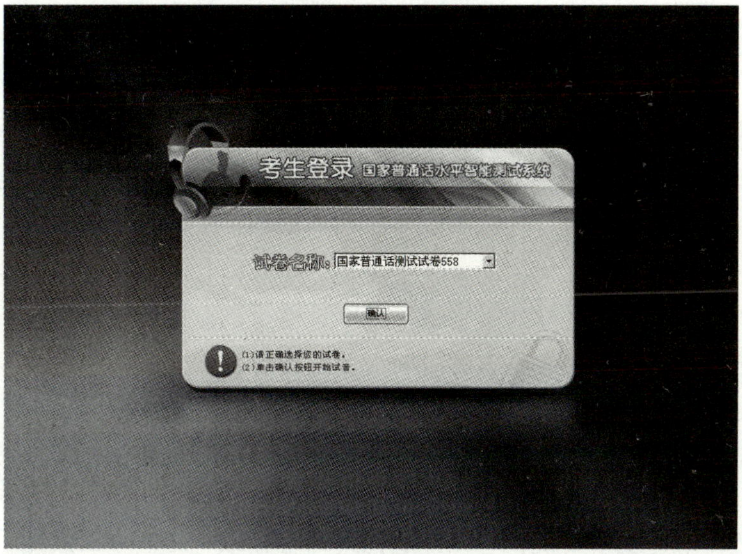

图 1-4　确认试卷

考生选择所准备试卷的编号，点击“确认”按钮。

（五）自动试音（如图 1-5 所示）

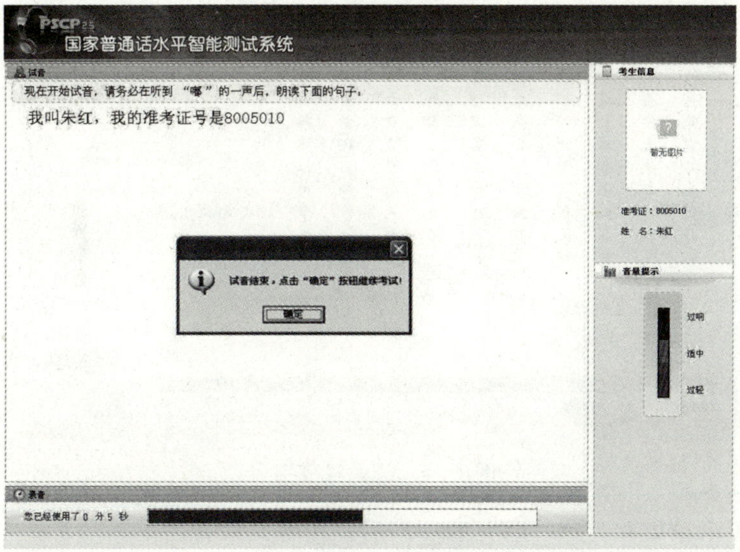

图 1-5　自动试音

1. 请在提示语结束并听到“嘟”的一声后，用正常说话的音量朗读主屏中的个人测试信息。

2. 本系统会自动调节，以适应您的音量，您不用作任何操作。

3. 试音结束，系统会弹出提示试音结束的对话框。

4. 考生点击对话框中的“确认”按钮，进入正式测试程序。

（六）开始考试

提示：

1. 普通话水平测试共有 4 项题目，系统会依次显示各项内容，您只需根据屏幕显示的试题内容进行录音。

2. 每项试题前都有一段语音提示，请在提示语结束并听到“嘟”的一声后，再开始录音。

3. 录音过程中，应做到吐字清晰，语速适中，音量同试音时保持一致。

4. 录音过程中，请注意主屏下方的时间提示，确保在规定的时间内完成每项考试。

5. 规定时间结束，系统会自动进入下一项试题。

6. 如某项试题时间有余，单击屏幕右下角的“下一题”按钮，可进入下一项试题。

特别提示：

1. 考试过程中，考生不要说试卷以外的任何内容，以免影响考试成绩。

2. 如有疑问，请举手示意，工作人员会及时前来解答。

● 第一题　读单音节字词（如图 1－6 所示）

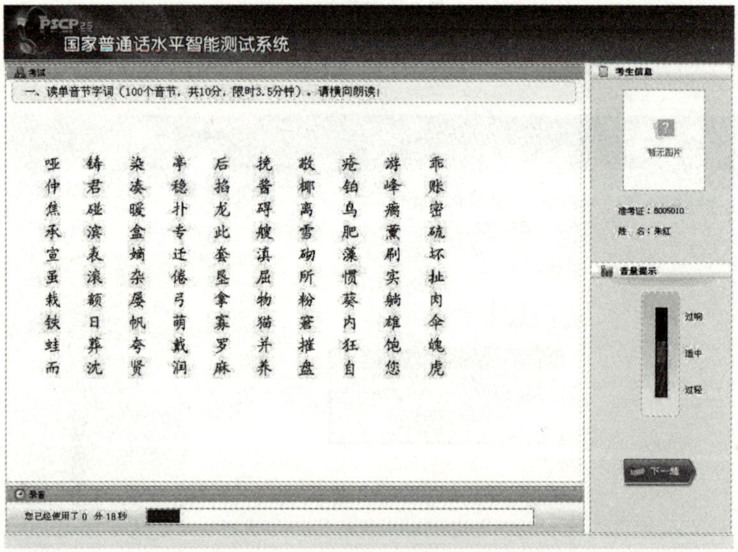

图 1－6　读单音节字词

1. 请在提示语结束并听到“嘟”的一声后，再开始录音。

2. 如该项试题时间有余，单击屏幕右下角的“下一题”按钮，可进入下一项试题。

- 第二题　读多音节词语（如图 1－7 所示）

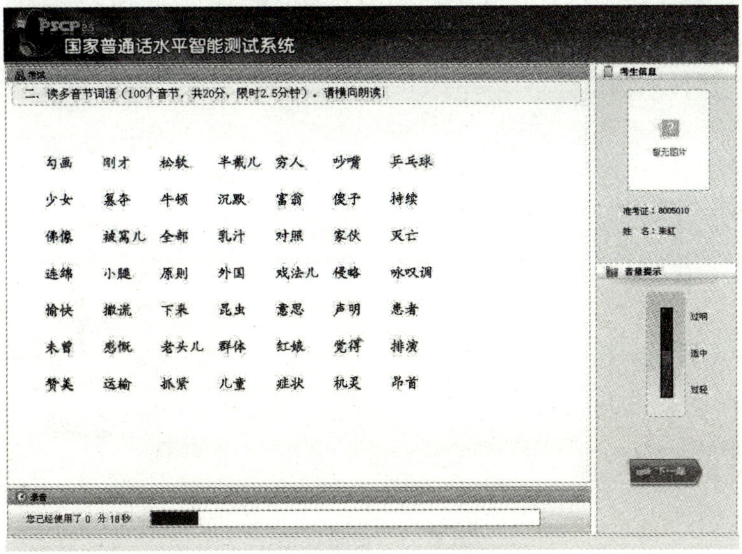

图 1－7　读多音节词语

1. 请在提示语结束并听到“嘟”的一声后，再开始录音。
2. 如该项试题时间有余，单击屏幕右下角的“下一题”按钮，可进入下一项试题。

- 第三题　朗读短文（如图 1－8 所示）

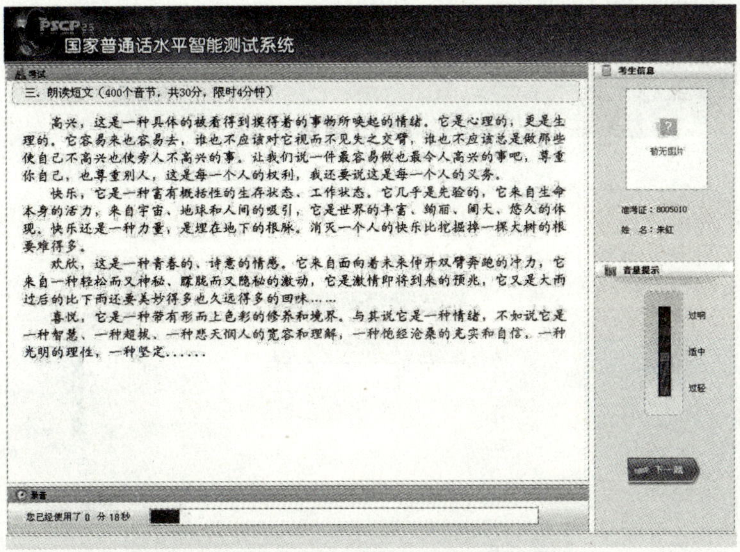

图 1－8　朗读短文

1. 请在提示语结束并听到“嘟”的一声后，再开始录音。
2. 如该项试题时间有余，单击屏幕右下角的“下一题”按钮，可进入下一项试题。

- 第四题　命题说话（如图 1－9 所示）

1. 请在提示语结束并听到“嘟”的一声后，再开始录音。

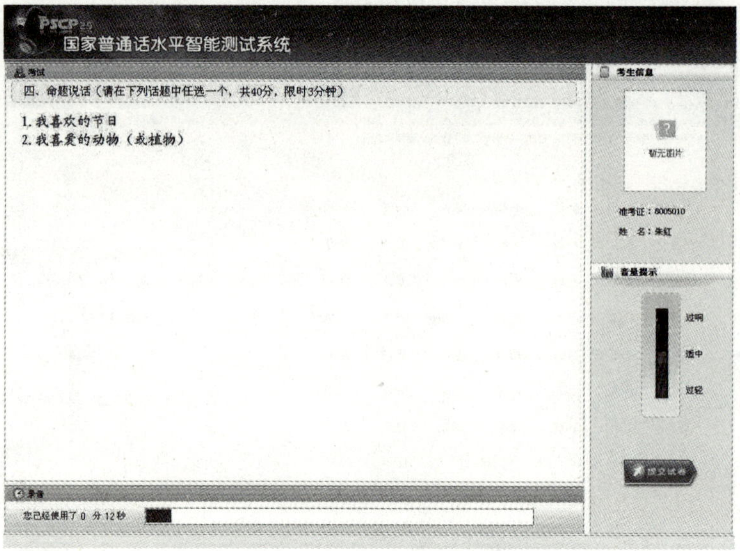

图 1 - 9　命题说话

2. 录音开始时，请读出所选话题名称。如：我说的话题是“我喜欢的节日”。

3. 本题必须说满 3 分钟（请按主屏下方的时间提示条把握时间）。

4. 说话结束后，单击屏幕右下角的“提交试卷”按钮，便可结束考试；说满三分钟后，系统也会自动提交试卷。

● 结束考试（如图 1 - 10 所示）

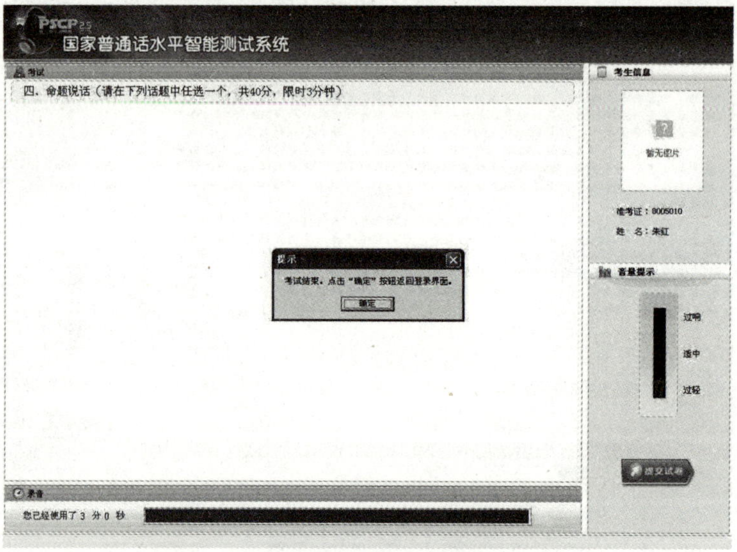

图 1 - 10　结束考试

1. 提交试卷后，系统会自动弹出如图 1 - 10 所示的提示框，表示您已成功结束本次考试。

2. 请单击屏幕中央的“确定”按钮，结束整个考试程序。

3. 请摘下耳机放在桌上，然后离开试场。

测试中应注意的事项

1. 正确佩戴耳机，避免麦克风与嘴唇离得太远或太近，影响录音效果。

2. 测试时发音要准确、清晰、饱满，音量控制得当。

3. 每一题测试前系统都会有一段提示音，请在提示音结束并听到“嘟”的一声后，再开始朗读。测试的前三项不必读题，直接朗读测试的内容。

4. 测试的前两项“读单音节字词”“读多音节词语”，必须横向朗读。注意避免出现漏行、错行；避免出现字词的错、漏、增、改及回读等现象。

5. 每题读完后，不必停下来等待，立即点击右下角“下一题”按钮，进入下一题测试。

6. 第四题“命题说话”，进入页面后，不必等待，应立即选择话题开始说话。此项测试缺时扣分，考生超过 6 秒未开口说话，机测系统即开始缺时计算。

7. 测试结束后，提交试卷，摘下耳机，离开考场。

（赵红霞　黄振江　范盛然）

第二篇

普通话语音知识

第一章　普通话声母

第一节　认识声母

声母是音节开头的部分，普通话中有22个声母，除一个零声母外，其他21个全是辅音声母，即：b、p、m、f、d、t、n、l、g、k、h、j、q、x、zh、ch、sh、r、z、c、s。辅音发音的主要特征是气流要遇到发音器官的阻碍，通过克服阻碍而发出声音。故其往往响度较低，容易受到干扰，不可任意延长，易产生吃字现象，从而影响语音的清晰度。声母的发音部位是否正确，是语流中字音是否清晰并具有一定亮度的关键。

第二节　声母的分类

不同的声母是由不同的发音部位和发音方法决定的。发音部位是指气流受阻的部位。发音方法是指发音时，发音器官构成阻碍的方式和消除阻碍的方法。发音方法包括成阻和除阻的方式、送不送气以及声带是否颤动三个方面。声母可按发音部位和发音方法分类。

一、按发音部位分类

普通话声母根据发音部位的不同可分为7类：

（一）双唇音

由上唇和下唇闭合构成阻碍而发出的音。有b、p、m三个。

（二）唇齿音

由上齿和下唇靠拢构成阻碍发出的音。只有f一个。

（三）舌尖前音

由舌尖抵住或接近上齿背构成阻碍发出的音。有z、c、s三个。

（四）舌尖中音

由舌尖抵住上齿龈构成阻碍发出的音。有d、t、n、l四个。

（五）舌尖后音

由舌尖抵住或接近硬腭前部构成阻碍发出的音。有 zh、ch、sh、r 四个。

（六）舌面音

由舌面前部抵住或接近硬腭构成阻碍发出的音。有 j、q、x 三个。

（七）舌根音

由舌根抵住或接近软腭构成阻碍发出的音。有 g、k、h 三个。

二、按发音方法分类

发音方法包括三个方面：成阻和除阻的方式，声带是否颤动，送不送气。

（一）根据成阻和除阻的方式分类

1. 塞音

发音时气流通路完全阻塞，然后气流冲破阻碍，爆发成音。塞音也叫爆发音或破裂音。有 b、p、d、t、g、k 六个。

2. 擦音

发音时两个发音部位接近，留下窄缝，气流从窄缝中挤出，摩擦成声。有 f、h、x、sh、r、s 六个。

3. 塞擦音

是塞音和擦音两种方法的结合，但不是两种音素的复合。发音时两个发音部位完全闭塞，气流先把阻碍部位冲开一条窄缝，然后从窄缝中挤出，摩擦成声。有 j、q、zh、ch、z、c 六个。

4. 鼻音

发音时口腔通路完全闭塞，软腭下降，声带振动，气流从鼻腔通过。有 m 和 n 两个。

5. 边音

发音时舌尖抵住上齿龈，软腭上升，阻塞鼻腔通路，气流从舌的两边通过。只有 l 一个。

（二）根据声带是否颤动分类

1. 清音

发音时声带不颤动。有 b、p、f、d、t、g、k、h、j、q、x、zh、ch、sh、z、c、s 十七个。

2. 浊音

发音时声带颤动。有 m、n、l、r 四个。

(三) 根据是否送气分类

根据发音时是否送气，可以把声母中的塞音、塞擦音分为送气音和不送气音两类。

1. 送气音

发音时气流送出比较快和明显，由于除阻后声门大开，流速较快，在声门以及声门以上的某个狭窄部位造成摩擦，形成送气音。有 p、t、k、q、ch、c 六个。

2. 不送气音

发音时呼出的气流较弱，没有送气音特征，又同送气音形成对立的音。有 b、d、g、j、zh、z 六个。

综合上述分类，可列出普通话声母发音部位、发音方法总表，见表 2-1。

表 2-1　普通话声母发音部位、发音方法总表

发音部位		发音方法							
		塞音（清音）		塞擦音（清音）		擦音		鼻音	边音
		不送气	送气	不送气	送气	清音	浊音	浊音	浊音
唇音	双唇音	b	p					m	
	唇齿音					f			
舌尖中音		d	t					n	l
舌 根 音		g	k			h			
舌 面 音				j	q	x			
舌尖后音				zh	ch	sh	r		
舌尖前音				z	c	s			

第三节　声母发音分析

一、双唇音 b、p、m

b [p] 双唇、不送气、清塞音

[发音技巧] 发音时，双唇紧闭，阻塞气流，然后气流冲破双唇的阻碍，爆发成音，声带不颤动。

[发音例词] 壁报 bìbào　　冰雹 bīngbáo　　表白 biǎobái

p [p′] 双唇、送气、清塞音

[发音技巧] 发音情况与 b 基本相同，只是在除阻之后紧跟着送出一股气流，形成送气音。
[发音例词] 批评 pīpíng　　澎湃 péngpài　　匹配 pǐpèi

m [m] 双唇、浊鼻音

[发音技巧] 发音时，双唇紧闭，阻塞气流，软腭下降，打开鼻腔通道，气流从鼻腔通过，声带颤动。
[发音例词] 麦苗 màimiáo　　明媚 míngmèi　　美妙 měimiào

二、唇齿音 f

f [f] 唇齿、清擦音

[发音技巧] 发音时，下唇接近上齿，气流从唇齿间挤出，摩擦成音，声带不颤动。
[发音例词] 芬芳 fēnfāng　　仿佛 fǎngfú　　防范 fángfàn

训练材料

读准下列词语的声母

标兵 biāobīng	背包 bēibāo	偏僻 piānpì
乒乓 pīngpāng	命脉 mìngmài	秘密 mìmì
美满 měimǎn	冒昧 màomèi	肺腑 fèifǔ
非凡 fēifán	冰片 bīngpiàn	奔跑 bēnpǎo
皮毛 pímáo	拍卖 pāimài	拼搏 pīnbó
陪伴 péibàn	北方 běifāng	冰峰 bīngfēng
帮忙 bāngmáng	闭幕 bìmù	肥美 féiměi
父母 fùmǔ	废品 fèipǐn	浮萍 fúpíng
法宝 fǎbǎo	反驳 fǎnbó	米饭 mǐfàn
模范 mófàn	皮肤 pífū	配方 pèifāng
毛笔 máobǐ	脉搏 màibó	蒙骗 mēngpiàn
磨盘 mòpán		

三、 舌尖前音 z、 c、 s

z [ts] 舌尖前、不送气、清塞擦音

[发音技巧] 发音时，先将舌尖抵住上齿背，阻塞气流，然后气流冲开一条窄缝，并从缝中挤出，产生先塞后擦的音，声带不颤动。

[发音例词] 自尊 zìzūn　罪责 zuìzé　暂时 zànshí

c [ts′] 舌尖前、送气、清塞擦音

[发音技巧] 发音情况与 z 基本相同，只是在除阻之后紧跟着送出一股气流，形成送气音。

[发音例词] 参差 cēncī　层次 céngcì　聪明 cōngmíng

s [s] 舌尖前、清擦音

[发音技巧] 发音时，舌尖接近上齿背，气流从缝中挤出，摩擦成音，声带不颤动。

[发音例词] 思索 sīsuǒ　诉讼 sùsòng　酸涩 suānsè

训练材料

读准下列词语的声母

宗族 zōngzú	栽赃 zāizāng	从此 cóngcǐ
措辞 cuòcí	色素 sèsù	琐碎 suǒsuì
彩色 cǎisè	粗俗 cūsú	存在 cúnzài
操纵 cāozòng	赠送 zèngsòng	走私 zǒusī
早餐 zǎocān	紫菜 zǐcài	素材 sùcái
随从 suícóng	塑造 sùzào	私自 sīzì

四、 舌尖中音 d、 t、 n、 l

d [t] 舌尖中、不送气、清塞音

[发音技巧] 发音时，先将舌尖抵住上齿龈，阻塞气流，然后气流冲破阻碍，爆发成

音，声带不颤动。

[发音例词] 导弹 dǎodàn　　电灯 diàndēng　　当地 dāngdì

t [t′] 舌尖中、送气、清塞音

[发音技巧] 发音情况与 d 基本相同，只是在除阻之后紧跟着送出一股气流，形成送气音。

[发音例词] 探讨 tàntǎo　　团体 tuántǐ　　妥帖 tuǒtiē

n [n] 舌尖中、浊鼻音

[发音技巧] 发音时，舌尖抵住上齿龈，阻塞气流，软腭下降，打开鼻腔通道，气流从鼻腔通过，声带颤动。

[发音例词] 牛奶 niúnǎi　　恼怒 nǎonù　　能耐 néngnai

l [l] 舌尖中、浊边音

[发音技巧] 发音时，舌尖抵住上齿龈，阻塞气流，但是舌的两边或一边留出空隙，让气流从舌边流出，声带颤动。

[发音例词] 理论 lǐlùn　　玲珑 línglóng　　料理 liàolǐ

训练材料

读准下列词语的声母

等待 děngdài	单调 dāndiào	疼痛 téngtòng
淘汰 táotài	泥泞 nínìng	扭捏 niǔniē
劳累 láolèi	留恋 liúliàn	态度 tàidu
坦荡 tǎndàng	带头 dàitóu	惦念 diànniàn
胆量 dǎnliàng	导体 dǎotǐ	童年 tóngnián
捣乱 dǎoluàn	铁路 tiělù	头脑 tóunǎo
虐待 nüèdài	讨论 tǎolùn	能力 nénglì
纽带 niǔdài	悼念 dàoniàn	懒惰 lǎnduò
泥潭 nítán	蓝图 lántú	烂泥 lànní
留念 liúniàn		

五、舌尖后音 zh、ch、sh、r

zh [tʂ] 舌尖后、不送气、清塞擦音

[发音技巧] 发音时，先将舌尖卷起抵住硬腭前部，阻塞气流，然后气流冲开一条窄缝，并从缝中挤出，产生先塞后擦的音，声带不颤动。

[发音例词] 正直 zhèngzhí　转折 zhuǎnzhé　执着 zhízhuó

ch [tʂʻ] 舌尖后、送气、清塞擦音

[发音技巧] 发音情况与 zh 基本相同，只是在除阻之后紧跟着送出一股气流，形成送气音。

[发音例词] 长城 chángchéng　春潮 chūncháo　怵场 chùchǎng

sh [ʂ] 舌尖后、清擦音

[发音技巧] 发音时，舌尖上翘接近硬腭前部，形成窄缝，气流从缝中挤出，摩擦成音，声带不颤动。

[发音例词] 手术 shǒushù　神圣 shénshèng　闪烁 shǎnshuò

r [ʐ] 舌尖后、浊擦音

[发音技巧] 发音情况与 sh 相近，但是声带颤动。

[发音例词] 柔软 róuruǎn　忍让 rěnràng　濡染 rúrǎn

训练材料

读准下列词语的声母

支柱 zhīzhù	战争 zhànzhēng	驰骋 chíchěng
车床 chēchuáng	税收 shuìshōu	绅士 shēnshì
仍然 réngrán	软弱 ruǎnruò	水产 shuǐchǎn
擅长 shàncháng	始终 shǐzhōng	山楂 shānzhā
耻辱 chǐrǔ	承认 chéngrèn	常识 chángshí
产生 chǎnshēng	车站 chēzhàn	沾染 zhānrǎn
征收 zhēngshōu	章程 zhāngchéng	燃烧 ránshāo
饶恕 ráoshù		

六、舌面音 j、q、x

j [tɕ] 舌面、不送气、清塞擦音

[发音技巧] 发音时，先将舌面前部抵住硬腭前部，阻塞气流，然后气流冲开一条窄缝，并从缝中挤出，产生先塞后擦的音，声带不颤动。

[发音例词] 经济 jīngjì　积极 jījí　家具 jiājù

q [tɕ′] 舌面、送气、清塞擦音

[发音技巧] 发音情况与 j 基本相同，只是在除阻之后紧跟着送出一股气流，形成送气音。

[发音例词] 崎岖 qíqū　亲切 qīnqiè　侵权 qīnquán

x [ɕ] 舌面、清擦音

[发音技巧] 发音时，舌面前部接近硬腭前部，形成狭窄的缝隙，气流从缝中挤出，摩擦成音，声带不颤动。

[发音例词] 现象 xiànxiàng　学习 xuéxí　消息 xiāoxi

训练材料

读准下列词语的声母

结晶 jiéjīng	季节 jìjié	请求 qǐngqiú
轻巧 qīngqiǎo	小学 xiǎoxué	细心 xìxīn
勤俭 qínjiǎn	奇迹 qíjì	酒席 jiǔxí
继续 jìxù	娇气 jiāoqì	坚强 jiānqiáng
清香 qīngxiāng	庆幸 qìngxìng	孝敬 xiàojìng
谢绝 xièjué	心情 xīnqíng	兴起 xīngqǐ

七、舌根音 g、k、h

g [k] 舌根、不送气、清塞音

[发音技巧] 发音时，先将舌根前部抵住软腭，阻塞气流，然后气流冲破阻碍，爆发成

音，声带不颤动。

［发音例词］国歌 guógē　　改革 gǎigé　　公关 gōngguān

k［k′］舌根、送气、清塞音

［发音技巧］发音情况与 g 基本相同，只是在除阻之后紧跟着送出一股气流，形成送气音。

［发音例词］慷慨 kāngkǎi　　刻苦 kèkǔ　　开阔 kāikuò

h［x］舌根、清擦音

［发音技巧］发音时，舌根接近软腭，留出窄缝，气流从缝中挤出，摩擦成音，声带不颤动。

［发音例词］辉煌 huīhuáng　　荷花 héhuā　　航海 hánghǎi

训练材料

读准下列词语的声母

桂冠 guìguān	钢管 gāngguǎn	坎坷 kǎnkě
宽阔 kuānkuò	花卉 huāhuì	黄昏 huánghūn
口供 kǒugòng	考古 kǎogǔ	公函 gōnghán
更换 gēnghuàn	概况 gàikuàng	钢盔 gāngkuī
狂欢 kuánghuān	看护 kānhù	合格 hégé
海关 hǎiguān	好客 hàokè	航空 hángkōng

八、零声母

普通话里有一些音节没有辅音声母，习惯上称为“零声母音节”，把它们的声母叫作“零声母”。例如：烟 yān，蛙 wā，云 yún，安 ān。此外，声母有本音和呼读音（名称音）两套读音。本音是指声母依照上述发音部位和发音方法发出来的纯粹音，即它的本来音值；呼读音是指为了便于称说和教学所使用的读音，即在其本来音值后面拼上一个元音所形成的音。普通话里除了四个浊声母（m、n、l、r）的本音较响亮外，其他清声母都不响亮，不易听辨，而呼读音是响亮的。

训练材料

读准下列词语中的零声母字

棉袄 mián'ǎo	傲骨 àogǔ	偶然 ǒurán
藕粉 ǒufěn	鹅蛋 édàn	定额 dìng'é
严格 yángé	毅力 yìlì	外文 wàiwén
微弱 wēiruò	语言 yǔyán	玉石 yùshí

第四节　声母发音辨正

一、n 和 l 的辨正

（一）发音辨正

发 n 时，舌尖及舌前部两侧先与口腔前上部完全闭合，然后慢慢离开，气流振动声带后要从鼻腔通过，捏住鼻孔是发不成鼻音的。

发 l 时，舌尖接触上齿龈，堵塞鼻孔通路，舌身收窄，气流由舌头两边流出，不带鼻音。

（二）发音练习

那 nà	娘 niáng	女 nǚ	挠 náo	浓 nóng
辣 là	凉 liáng	吕 lǚ	牢 láo	隆 lóng

逆流 nìliú	耐劳 nàiláo	冷暖 lěngnuǎn
暖流 nuǎnliú	女郎 nǚláng	留念 liúniàn
流年 liúnián	能量 néngliàng	年龄 niánlíng

二、f 和 h 的辨正

（一）发音辨正

发 f 时，上唇和下唇形成阻碍，摩擦成声。

发 h 时，舌头后缩，舌根抬起接近软腭，摩擦成声。

（二）发音练习

发 fā	翻 fān	斧 fǔ	房 fáng	方 fāng
花 huā	欢 huān	虎 hǔ	黄 huáng	慌 huāng
理发 lǐfà		救护 jiùhù		华丽 huálì
理化 lǐhuà		废话 fèihuà		患病 huànbìng
舅父 jiùfù		乏力 fálì		犯病 fànbìng

三、r 和 l 的辨正

（一）发音辨正

发 r 时，舌尖翘起接近硬腭前部，形成一条缝隙，颤动声带，气流从缝隙中摩擦而出。
发 l 时，舌尖在上齿龈上轻轻弹一下，颤动声带，呼出气流。

（二）发音练习

让 ràng	软 ruǎn	漏 lòu	热 rè	然 rán
浪 làng	卵 luǎn	肉 ròu	乐 lè	蓝 lán
柔软 róuruǎn		礼让 lǐràng		了然 liǎorán
扰乱 rǎoluàn		容忍 róngrěn		恋人 liànrén
缭绕 liáorào		热量 rèliàng		染料 rǎnliào

四、z、c、s 和 zh、ch、sh 的辨正

（一）发音辨正

发平舌音 z、c、s 时，舌尖平伸，抵住或接近上齿背。
发翘舌音 zh、ch、sh 时，舌尖要翘起，抵住或接近硬腭前部。

（二）发音练习

z—zh

尊 zūn	赞 zàn	最 zuì	增 zēng	宗 zōng

谆 zhūn	占 zhàn	缀 zhuì	蒸 zhēng	中 zhōng

组织 zǔzhī　　著作 zhùzuò　　栽花 zāihuā
遵照 zūnzhào　　铸造 zhùzào　　摘花 zhāihuā
增长 zēngzhǎng　　罪证 zuìzhèng　　正在 zhèngzài

c—ch

才 cái	崔 cuī	村 cūn	参 cān	窜 cuàn
豺 chái	吹 chuī	春 chūn	搀 chān	串 chuàn

操持 cāochí　　残喘 cánchuǎn　　残春 cánchūn
陈词 chéncí　　储藏 chǔcáng　　辞呈 cíchéng
筹措 chóucuò　　层次 céngcì　　除草 chúcǎo

s—sh

素 sù	桑 sāng	嗓 sǎng	搜 sōu	扫 sǎo
树 shù	伤 shāng	晌 shǎng	收 shōu	少 shǎo

随时 suíshí　　哨所 shàosuǒ　　丧失 sàngshī
琐事 suǒshì　　扫视 sǎoshì　　损伤 sǔnshāng
上诉 shàngsù　　收缩 shōusuō　　深思 shēnsī

五、b、d、g、j、zh、z 和 p、t、k、q、ch、c 的辨正

（一）发音辨正

发 b、d、g、j、zh、z 音时，呼出的气流较弱，为不送气音。
发 p、t、k、q、ch、c 音时，呼出的气流较强，为送气音。

（二）发音练习

b—p

拔 bá	倍 bèi	败 bài	避 bì	标 biāo
爬 pá	配 pèi	派 pài	僻 pì	漂 piāo

逼迫 bīpò　　摆谱儿 bǎipǔr　　排比 páibǐ
拍板 pāibǎn　　旁边 pángbiān　　半票 bànpiào
补充 bǔchōng　　被迫 bèipò　　判别 pànbié

d—t

蛋 dàn	稻 dào	毒 dú	夺 duó	朵 duǒ
炭 tàn	套 tào	涂 tú	砣 tuó	妥 tuǒ

顶替 dǐngtì　　态度 tàidu　　灯塔 dēngtǎ
坦荡 tǎndàng　　动弹 dòngtan　　特点 tèdiǎn
地毯 dìtǎn　　糖弹 tángdàn　　团员 tuányuán

g—k

怪 guài	柜 guì	公 gōng	姑 gū	个 gè
快 kuài	匮 kuì	空 kōng	哭 kū	客 kè

功课 gōngkè　　孤苦 gūkǔ　　改造 gǎizào
凯歌 kǎigē　　看管 kānguǎn　　刻骨 kègǔ
工程 gōngchéng　　空城 kōngchéng　　感慨 gǎnkǎi

j—q

近 jìn	歼 jiān	局 jú	截 jié	教 jiāo
沁 qìn	千 qiān	渠 qú	茄 qié	悄 qiāo

千金 qiānjīn　　坚强 jiānqiáng　　群居 qúnjū
佳期 jiāqī　　清剿 qīngjiǎo　　决定 juédìng
曲剧 qǔjù　　嘉庆 jiāqìng　　确立 quèlì

zh—ch

铡 zhá	轴 zhóu	招 zhāo	拽 zhuài	除 chú
茶 chá	稠 chóu	超 chāo	踹 chuài	竹 zhú

支持 zhīchí　　查证 cházhèng　　车站 chēzhàn
抽象 chōuxiàng　　周围 zhōuwéi　　章程 zhāngchéng
展翅 zhǎnchì　　战车 zhànchē　　诚挚 chéngzhì

z—c

坐 zuò	罪 zuì	灾 zāi	凿 záo	租 zū
错 cuò	脆 cuì	猜 cāi	曹 cáo	粗 cū

字词 zìcí　　早操 zǎocāo　　造次 zàocì
刺字 cìzì　　才子 cáizǐ　　参赞 cānzàn
聪明 cōngmíng　　综合 zōnghé　　杂草 zácǎo

第五节 声母训练

一、zh、ch、sh与z、c、s对比练习

zh—z

质子	制造	种族	准则	追赃	主宰	指责
长子	正宗	治罪	壮族	知足	职责	铸造
赈灾	渣滓	沼泽	张嘴			

ch—c

纯粹	差错	储存	场次	尺寸	冲刺	陈词
车次	陈醋	吃醋	穿刺	初次	出操	揣测
成才	除草	船舱	呈词			

sh—s

誓死	上诉	神色	膳宿	深思	生死	失散
胜算	哨所	世俗	上司	上溯	声速	失色
石笋	殊死	栓塞				

z—zh

自制	自主	滋长	杂志	载重	资助	子侄
遵照	作者	自传	阻止	罪状	做主	罪证
总之	组织					

c—ch

财产	操场	餐车	彩绸	促成	痤疮	残春
裁处	残喘	操持	辞呈	仓储	采茶	

s—sh

四十	损伤	私事	丧失	宿舍	算术	随时
扫视	四声	松鼠	琐事	诉说	唆使	所属
撒手	桑葚	搜身	岁数			

混合训练

最初	左手	从征	促成	促使	慈善	作者
瓷砖	宗旨	尊崇	村庄	作诗	苍生	增产

操场	措施	散装	四肢	财产	参照	草率
祖传	杂说	侧重	从事			

二、j、q、x综合练习

j—q

机器	机枪	惊奇	技巧	假期	健全	接洽
激情	极其	急切	加强	减轻	娇气	解气
俊俏	军权	诀窍	剧情	金钱	进取	禁区

j—x

机械	锦绣	讥笑	极限	迹象	家乡	艰险
界限	军衔	吉祥	急需	继续	坚信	检修
景象	积习	积蓄	竞选	举行	决心	见效
精心	教学	经销				

q—j

期间	奇迹	迁就	前景	抢救	勤俭	清洁
请柬	请教	前进	抢劫	强健	亲近	情景
取决	清静	劝解	拳脚	曲解	穷尽	求救
请假	全局					

q—x

浅显	侵袭	清洗	劝降	权限	去向	倾斜
谦逊	球鞋	确信	缺陷	缺席	取消	前线
气象	期限	情形	清醒	气息	情绪	屈膝
器械	谦虚	倾心				

x—j

学究	先进	酗酒	橡胶	叙旧	行径	现金
信件	夏季	消极	虚假	虚惊	相交	兴建
谢绝	下级	选举	小姐	细节	休假	修建
胸襟	雄劲					

x—q

需求	学期	校庆	省亲	寻求	闲钱	雪球

新奇	辛勤	线圈	泄气	乡亲	先遣	选取
殉情	凶器	险情	喜鹊	星球	辖区	戏曲
星期	心情	胸腔	相劝	稀奇	小巧	雪橇
喜庆	小憩	性情	序曲			

三、绕口令练习

柳林镇有个六号楼，刘老六住在六号楼。有一天，来了牛老六，牵了六个猴；来了侯老六，拉了六头牛；来了仇老六，提了六篓油；来了尤老六，背了六匹绸。牛老六、侯老六、仇老六、尤老六，住上刘老六的六号楼。半夜里，牛抵猴，猴斗牛，撞倒了仇老六的油，油坏了尤老六的绸。牛老六帮仇老六收起油，侯老六帮尤老六洗掉绸上油。拴好牛，看好猴，一同上楼去喝酒。

天上有个日头，地下有块石头，嘴里有个舌头，手上有五个手指头。不管是天上的热日头、地下的硬石头、嘴里的软舌头、手上的手指头，还是热日头、硬石头、软舌头、手指头，反正都是练舌头。

（李静　张妍彤）

第二章　普通话韵母

第一节　认识韵母

韵母是一个音节中声母后面的部分。普通话共有 39 个韵母，主要由元音构成，有的韵母由元音加鼻辅音构成。

韵母可以分成韵头、韵腹、韵尾三部分，见表 2－2。一个韵母可以没有韵头、韵尾，但不可没有韵腹。韵头只有 i、u、ü 可以充当，位于主要元音前，发音轻短。韵腹是主要元音，韵腹由 a、o、e、ê 和 i、u、ü、-i、er 充当，发音清晰响亮。韵尾指韵腹后面的 i、u 或鼻辅音 n、ng。

表 2－2　韵母结构表

例字	韵头	韵腹	韵尾
优	i	o	u
冤	ü	a	n
哀		a	i
英		i	ng
窝	u	o	
屋		u	
诶		e	i

第二节　韵母的分类

韵母可按结构特点和开头元音的发音口型不同进行分类。

一、按结构特点分类

按结构特点分类，韵母可分为单韵母、复韵母、鼻韵母三类。

（一）单韵母

由单元音构成的韵母叫单韵母。

普通话有 10 个单韵母：a、o、e、i、u、ü、ê、-i（前）、-i（后）、er。

（二）复韵母

由两个或三个元音复合而成的韵母叫复韵母。

普通话有 13 个复韵母：ai、ei、ao、ou、ia、ie、iao、iou、ua、uo、uai、uei、üe。

（三）鼻韵母

由元音加上鼻辅音构成的韵母叫鼻韵母。

普通话有 16 个鼻韵母：an、ian、uan、üan、en、in、uen、ün、ang、iang、uang、eng、ing、ueng、ong、iong。

二、按韵母开头元音的发音口型分类

按韵母开头元音的发音口型分类，韵母可分为开口呼、齐齿呼、合口呼和撮口呼四类。

（一）开口呼

韵腹不是 i、u、ü 或不以 i、u、ü 起头的韵母，共有 15 个。

（二）齐齿呼

韵腹为 i 或以 i 起头的韵母，共有 9 个。

（三）合口呼

韵腹为 u 或以 u 起头的韵母，共有 10 个。

（四）撮口呼

韵腹为 ü 或以 ü 起头的韵母，共有 5 个。

综合上述分类，可列成普通话韵母总表，见表 2-3。

表 2-3　普通话韵母总表

按结构分	按口型分			
	开口呼	齐齿呼	合口呼	撮口呼
单韵母	-i（前）、-i（后）	i	u	ü
	a			
	o			
	e			
	ê			
	er			

续前表

按结构分	按口型分			
	开口呼	齐齿呼	合口呼	撮口呼
复韵母	ai	ia	ua	üe
	ei	ie	uo	
	ao	iao	uai	
	ou	iou	uei	
鼻韵母	an	ian	uan	üan
	en	in	uen	ün
	ang	iang	uang	
	eng	ing	ueng	
			ong	iong

第三节 韵母发音分析

韵母主要由元音构成。元音的不同音色是由于不同形状的口腔共鸣造成的。元音可以分为舌面元音和舌尖元音两类，舌面元音是由舌面起主要作用的元音，舌尖元音是由舌尖起主要作用的元音。普通话韵母中的-i 是舌尖元音，除此之外都是舌面元音。决定舌面元音不同的因素主要有三个：舌位的高低、舌位的前后和唇形的圆展，如图 2－1 所示。er 是卷舌的舌面元音。

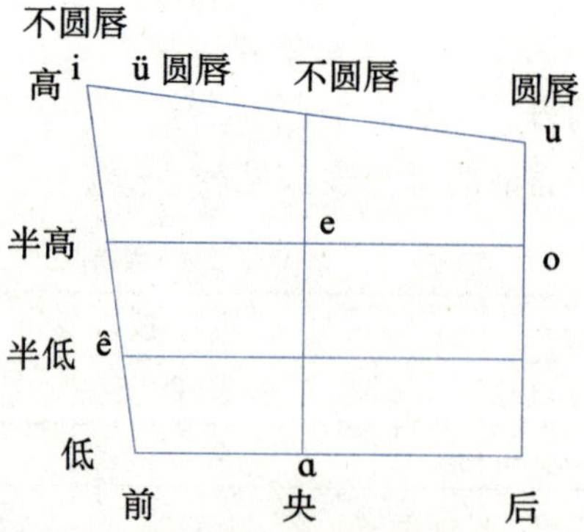

图 2－1 舌面元音舌位简图

下面分类说明韵母的发音：

一、 单韵母

ɑ [a] 舌面、央、低、不圆唇元音

[发音技巧] 发音时，口腔大开，舌位最低，舌面中部微微隆起，嘴唇形状自然。
[发音例词] 发达 fādá　马达 mǎdá　大厦 dàshà　打靶 dǎbǎ

o [o] 舌面、后、半高、圆唇元音

[发音技巧] 发音时，口微开，舌位半高，舌后缩，唇拢圆。
[发音例词] 婆婆 pópo　薄膜 bómó　磨破 mópò　模仿 mófǎng

e [ɤ] 舌面、后、半高、不圆唇元音

[发音技巧] 发音时，双唇自然展开，舌身后缩。
[发音例词] 合格 hégé　客车 kèchē　特色 tèsè　折合 zhéhé

i [i] 舌面、前、高、不圆唇元音

[发音技巧] 发音时，开口度很小，舌尖抵住下齿背，舌面前部向硬腭隆起，唇形呈扁平状。
[发音例词] 机器 jīqì　积极 jījí　凄迷 qīmí　毅力 yìlì

u [u] 舌面、后、高、圆唇元音

[发音技巧] 发音时，开口度很小，只留一小孔，舌头向后缩，舌面后部向软腭隆起，双唇拢圆。这是普通话里圆唇程度最高的元音。
[发音例词] 服务 fúwù　图书 túshū　孤独 gūdú　突兀 tūwù

ü [y] 舌面、前、高、圆唇元音

[发音技巧] 发音时，两唇拢圆，略向前突，双唇不能发生摩擦，舌头前伸。
[发音例词] 序曲 xùqǔ　雨具 yǔjù　区域 qūyù　女婿 nǚxu

ê [ɛ] 舌面、前、半低、不圆唇元音

[发音技巧] 发音时，舌位半低，舌尖抵住下齿背，舌的前部隆起，唇形不圆。在普通话中，只有一个“欸”字念 ê，它的主要用途是与 i、ü 组成复韵母。

er [ɚ] 卷舌、央、中、不圆唇元音

[发音技巧] 发音时，口腔半开半合，舌位居央（央 e 的位置），稍后缩，唇形不圆，

在发舌面元音“央 e”的同时，舌尖向硬腭卷起。r 不代表音素，只是表示卷舌动作的符号，因此 er 仍是单韵母，而且不与声母相拼。

[发音例词] 耳 ěr　　二 èr　　而且 érqiě　　儿歌 érgē

-i（前）[ɿ] 舌尖、前、高、不圆唇元音

[发音技巧] 发音时，舌尖平伸靠近上齿背，距离比发 s 稍远，唇形不圆。

[发音例词] 自私 zìsī　　字词 zìcí　　自然 zìrán　　咨询 zīxún

-i（后）[ʅ] 舌尖、后、高、不圆唇元音

[发音技巧] 发音时，舌尖上翘靠近硬腭前部，距离比发 r 稍远，唇形不圆。

[发音例词] 支持 zhīchí　　时事 shíshì　　市尺 shìchǐ　　值日 zhírì

单韵母发音归纳总结见表 2－4。

表 2－4　普通话单韵母发音表

口腔开闭、舌位升降	舌面					舌尖		卷舌
	舌位							
	前		央	后		前	后	央
	唇形							
	不圆	圆	不圆	不圆	圆	不圆	不圆	不圆
闭（高）	i	ü			u	-i（前）	-i（后）	
半闭（半高）				e	o			
中								er
半开（半低）	ê							
开（低）			a					

-i 代表两个韵母。它只出现在 zh、ch、sh、r 和 z、c、s 7 个声母后面，不和其他声母相拼。单写时应写作-i，与 7 个声母相拼时，则去掉短横。

训练材料

读准下列词语的韵母

打岔 dǎchà	哈达 hǎdá	磨破 mópò
伯伯 bóbo	笔记 bǐjì	鼓舞 gǔwǔ
此次 cǐcì	指使 zhǐshǐ	抵达 dǐdá
除夕 chúxī	曲折 qūzhé	彻底 chèdǐ

读者 dúzhě	计策 jìcè	沙漠 shāmò
自私 zìsī	旅居 lǚjū	习题 xítí
褐色 hèsè	磨破 mópò	瀑布 pùbù
实质 shízhì	抚摸 fǔmō	发育 fāyù
许可 xǔkě	区域 qūyù	色泽 sèzé
特色 tèsè	奇迹 qíjì	突出 tūchū
事实 shìshí	二十 èrshí	砝码 fǎmǎ
咫尺 zhǐchǐ	泼墨 pōmò	地图 dìtú
祝福 zhùfú	波折 bōzhé	值日 zhírì
读书 dúshū	拔河 báhé	气魄 qìpò
德育 déyù		

二、 复韵母

发音时舌位和唇形逐渐变动，是从一个元音滑向另一个元音的过程，中间没有明显界限，形成一个整体。但其中总有一个元音读得比较清晰、响亮，这是主要元音，即韵腹。根据韵腹位置的不同，可将复韵母分为前响复韵母、中响复韵母、后响复韵母。

（一）前响复韵母（ai、ei、ao、ou）

发音的共同特点是前面的元音（韵腹）清晰响亮，后面的元音（韵尾）轻短模糊。

ai [ai] 前响二合元音复韵母、舌面元音 [a] 与 [i] 的结合

[发音技巧] 发音时口腔大开，舌头前伸，发前元音 a，然后滑向 i，舌位移到接近 i 的位置即止。

[发音例词] 拍卖 pāimài　　白菜 báicài　　海带 hǎidài　　晒台 shàitái

ei [ei] 前响二合元音复韵母、舌面元音 [e] 与 [i] 的结合

[发音技巧] 发音时口腔半闭，舌头前伸，发前半高元音 e，然后向 i 滑动，舌位移到接近 i 的位置即止。

[发音例词] 配备 pèibèi　　肥美 féiměi　　蓓蕾 bèilěi　　非得 fēiděi

ɑo [au] 前响二合元音复韵母、舌面元音 [a] 与 [u] 的结合

[发音技巧] 发音时口腔大开，舌头后缩，发后元音 ɑ，然后舌位向 u 移动，舌位移到接近 u 的位置即止。

[发音例词] 高潮 gāocháo　报告 bàogào　跑道 pǎodào　抛锚 pāomáo

ou [ou] 前响二合元音复韵母、舌面元音 [o] 与 [u] 的结合

[发音技巧] 发音时舌头后缩，发不太圆唇的 o，然后舌位向 u 移动，舌位移到接近 u 的位置即止。

[发音例词] 守候 shǒuhòu　走狗 zǒugǒu　抖擞 dǒusǒu　佝偻 gōulóu

（二）中响复韵母（iɑo、iou、uɑi、uei）

中响复韵母是在复韵母 ɑo、ou、ɑi、ei 前面加上 u 或 i 构成的。i 或 u 是韵头，发音轻短，只表示舌位从那里开始移动，中间是韵腹，发音清晰响亮，后面是韵尾，发音模糊。

iɑo [iau] 中响三合元音复韵母、舌面元音 [i] 与 [au] 的结合

[发音技巧] 发音时，从前、高、不圆唇元音 i 开始，再过渡至后、低、不圆唇元音 ɑ，最后使舌位向 u 的方向滑动升高。

[发音例词] 缥缈 piāomiǎo　巧妙 qiǎomiào　逍遥 xiāoyáo　料峭 liàoqiào

iou [iou] 中响三合元音复韵母、舌面元音 [i] 与复韵母 [ou] 的结合

[发音技巧] 发音时，从前、高、不圆唇元音 i 开始，再过渡至后、半高、圆唇元音 o，最后使舌位立刻滑向 u。其中，o 的发音最长、最响，其他两个元音较短、较弱。在普通话中，iou 多省写为 iu。

[发音例词] 优秀 yōuxiù　绣球 xiùqiú　悠久 yōujiǔ　牛柳 niúliǔ

uɑi [uai] 中响三合元音复韵母、舌面元音 [u] 与 [ai] 的结合

[发音技巧] 发音时，从后、高、圆唇元音 u 开始，再发过渡至前、低、不圆唇元音 ɑ，最后使舌位向 i 的方向滑动升高。其中，ɑ 的发音最长、最响，其他两个元音较短、较弱。

[发音例词] 外快 wàikuài　摔坏 shuāihuài　怀揣 huáichuāi　快乐 kuàilè

uei [uei] 中响三合元音复韵母、舌面元音 [u] 与复元母 [ei] 的结合

[发音技巧] 发音时，从后、高、圆唇元音 u 开始，再过渡至前、半高、不圆唇元音 e，最后使舌位向 i 的方向滑动升高。其中，e 的发音最长、最响，其他两个元音较短、较弱。

与 iou 类似，uei 常省写为 ui。

[发音例词] 水位 shuǐwèi　追随 zhuīsuí　怪罪 guàizuì　推诿 tuīwěi

（三）后响复韵母（ia、ie、ua、uo、üe）

发音的共同特点是，前面的元音（韵头）轻短模糊，后面的元音（韵腹）清晰响亮。

ia [ia] 后响二合元音复韵母、舌面元音 [i] 与 [a] 的结合

[发音技巧] 发音时先发轻短的 i，然后口形张开，舌位渐降到 a。

[发音例词] 假牙 jiǎyá　压价 yājià　恰恰 qiàqià　加价 jiājià

ie [iɛ] 后响二合元音复韵母、舌面元音 [i] 与 [ɛ] 的结合

[发音技巧] 发音时先发轻短的 i，然后舌位渐降到半低，舌头紧贴下颌并前伸，发出响而长的 ê。

[发音例词] 结业 jiéyè　贴切 tiēqiè　别人 biérén　铁塔 tiětǎ

ua [ua] 后响二合元音复韵母、舌面元音 [u] 与 [a] 的结合

[发音技巧] 发音时先发轻短的 u，然后舌位渐降到 a。

[发音例词] 挂花 guàhuā　耍滑 shuǎhuá　花袜 huāwà　花褂 huāguà

uo [uo] 后响二合元音复韵母、舌面元音 [u] 与 [o] 的结合

[发音技巧] 发音时先发轻短的 u，然后舌位渐降到 o。

[发音例词] 硕果 shuòguǒ　国货 guóhuò　堕落 duòluò　过火 guòhuǒ

üe [yɛ] 后响二合元音复韵母、舌面元音 [y] 与 [ɛ] 的结合

[发音技巧] 发音时先发轻短的 ü，然后舌位降到 ê。

[发音例词] 雀跃 quèyuè　约略 yuēlüè　倔强 juéjiàng　雪月 xuěyuè

训练材料

读准下列词语的韵母

海带 hǎidài	彩排 cǎipái	蓓蕾 bèilěi
黑煤 hēiméi	操劳 cāoláo	跑道 pǎodào
收购 shōugòu	抖擞 dǒusǒu	白费 báifèi

肥皂 féizào	茅台 máotái	报仇 bàochóu
守备 shǒubèi	购买 gòumǎi	郊游 jiāoyóu
表率 biǎoshuài	描绘 miáohuì	流水 liúshuǐ
怀表 huáibiǎo	歪斜 wāixié	翠鸟 cuìniǎo
垂柳 chuíliǔ	毁坏 huǐhuài	佳话 jiāhuà
接洽 jiēqià	结果 jiēguǒ	花朵 huāduǒ
化学 huàxué	国家 guójiā	活跃 huóyuè

三、鼻韵母

发音时，由元音的发音状态变为不除阻的鼻音收尾。

充分鼻韵母韵尾的鼻辅音有两个：n 和 ng。n 是舌尖浊鼻音，又叫前鼻音，发音时，舌尖抵住上齿龈，气流从鼻腔通过，声带颤动。ng 是舌根浊鼻音，又叫后鼻音，发音时，舌根隆起抵住软腭，堵塞口腔通道，气流从鼻腔通过，声带颤动。

鼻韵母根据韵尾的不同分为两类：前鼻韵母和后鼻韵母。

（一）前鼻韵母

前鼻韵母是 n 作韵尾的韵母，有 an、ian、uan、üan、en、in、uen、ün 8 个。an、en、in、ün 4 个韵母由韵腹（元音）和韵尾（鼻辅音）构成。发音时，韵腹响亮，韵尾轻短，只念本音。其中 an 的韵腹是 a。ian、uan、üan、uen 4 个韵母由韵头、韵腹、韵尾构成。发音时，前面的元音（韵头）发音轻短，中间有元音（韵腹）发音响亮，后面的鼻辅音（韵尾）只念本音。其中 ian 和 üan 的韵腹是 a，由于受前后音的影响，实际音值相当于 ê。

an [an] 前鼻音韵母

[发音技巧] 从前、低、不圆唇元音 [a] 开始发音，接着舌尖向上齿龈移动，最后抵住上齿龈发前鼻音 [n]。

[发音例词] 灿烂 cànlàn　橄榄 gǎnlǎn　蔓延 mànyán　展览 zhǎnlǎn

en [ən] 前鼻音韵母

[发音技巧] 从央元音 [ə] 开始发音，接着舌尖向上齿龈移动，最后抵住上齿龈发前鼻音 [n]。

[发音例词] 认真 rènzhēn　身份 shēnfèn　本分 běnfèn　粉尘 fěnchén

in [in] 前鼻音韵母

[发音技巧] 从前、高、不圆唇元音 [i] 开始发音，接着舌尖向上齿龈移动，最后抵住上齿龈发前鼻音 [n]。

[发音例词] 信心 xìnxīn　拼音 pīnyīn　面临 miànlín　近亲 jìnqīn

ün [yn] 前鼻音韵母

[发音技巧] 从前、高、圆唇元音 [y] 开始发音，接着舌尖向上齿龈移动，最后抵住上齿龈发前鼻音 [n]。ün 与 in 的发音仅是唇形变化不同，ün 的唇形逐步展开，而 in 始终展唇。

[发音例词] 军训 jūnxùn　均匀 jūnyún　俊美 jùnměi　寻找 xúnzhǎo

ian [iɛn] 前鼻音韵母

[发音技巧] 从前、高、不圆唇元音 [i] 开始发音，舌位下滑到前、半低、不圆唇元音 [ɛ]，接着舌尖向上齿龈移动，最后抵住上齿龈发前鼻音 [n]。

[发音例词] 前线 qiánxiàn　鲜艳 xiānyàn　变迁 biànqiān　绵延 miányán

uan [uan] 前鼻音韵母

[发音技巧] 从后、高、圆唇元音 [u] 开始发音，舌位向前迅速滑降到前、低、不圆唇元音 [a]，接着舌尖向上齿龈移动，最后抵住上齿龈发前鼻音 [n]。

[发音例词] 贯穿 guànchuān　婉转 wǎnzhuǎn　换算 huànsuàn　还原 huányuán

uen [uən] 前鼻音韵母

[发音技巧] 从后、高、圆唇元音 [u] 开始发音，向央元音 [ə] 滑降，接着舌尖向上齿龈移动，最后抵住上齿龈发前鼻音 [n]。uen 常省写为 un。

[发音例词] 昆仑 kūnlún　温顺 wēnshùn　混沌 hùndùn　遵循 zūnxún

üan [yan] 前鼻音韵母

[发音技巧] 从前、高、圆唇元音 [y] 开始发音，舌位滑降到前、低、不圆唇元音 [a]，接着舌尖向上齿龈移动，最后抵住上齿龈发前鼻音 [n]。

[发音例词] 渊源 yuānyuán　源泉 yuánquán　全权 quánquán　圆圈 yuánquān

（二）后鼻韵母

后鼻韵母是 ng 作韵尾的韵母，有 ang、iang、uang、eng、ing、ueng、ong、iong 8 个。ang、eng、ing、ong 4 个韵母由韵腹（元音）和韵尾（鼻辅音）构成。发音时，韵腹响亮，韵尾轻短，只念本音。其中 ang 的韵腹是后 a，eng 的韵腹是央 e。iang、iong、uang、ueng 4 个韵母由韵头、韵腹、韵尾构成。发音时，前面的元音（韵头）发音轻短，中间的元音（韵腹）发音响亮，后面的鼻辅音（韵尾）只念本音。其中 ueng 不和任何辅音声母相拼，自成一个零声母音节。

ang [aŋ] 后鼻音韵母

[发音技巧] 从后、低、不圆唇元音 [a] 开始发音，接着舌面后部往软腭移动并抵住软腭发后鼻音 [ŋ]。

[发音例词] 苍茫 cāngmáng　商场 shāngchǎng　盎然 àngrán　行当 hángdang

eng [əŋ] 后鼻音韵母

[发音技巧] 从央元音 [ə] 开始发音，接着舌面后部往软腭移动并抵住软腭发后鼻音 [ŋ]。

[发音例词] 丰盛 fēngshèng　省城 shěngchéng　更正 gēngzhèng　风筝 fēngzheng

ing [iŋ] 后鼻音韵母

[发音技巧] 从前、高、不圆唇元音 [i] 开始发音，接着舌面后部往软腭移动并抵住软腭发后鼻音 [ŋ]。

[发音例词] 命令 mìnglìng　情形 qíngxíng　评定 píngdìng　姓名 xìngmíng

ong [uŋ] 后鼻音韵母

[发音技巧] 从后、高、圆唇元音 [u] 开始发音，接着舌面后部往软腭移动并抵住软腭发后鼻音 [ŋ]。

[发音例词] 隆重 lóngzhòng　总统 zǒngtǒng　从容 cóngróng　动工 dònggōng

iang [iaŋ] 后鼻音韵母

[发音技巧] 从前、高、不圆唇元音 [i] 开始发音，紧接着发 [aŋ]。

[发音例词] 响亮 xiǎngliàng　想象 xiǎngxiàng　踉跄 liàngqiàng　讲述 jiǎngshù

iong [yŋ] 后鼻音韵母

[发音技巧] 从前、高、圆唇元音 [y] 开始发音，紧接着发后鼻音 [oŋ]。
[发音例词] 炯炯 jiǒngjiǒng　汹涌 xiōngyǒng　窘迫 jiǒngpò　雄伟 xióngwěi

uang [uaŋ] 后鼻音韵母

[发音技巧] 从后、高、圆唇元音 [u] 开始发音，紧接着发 [aŋ]。
[发音例词] 狂妄 kuángwàng　状况 zhuàngkuàng　装潢 zhuānghuáng

ueng [uəŋ] 后鼻音韵母

[发音技巧] 从后、高、圆唇元音 [u] 开始发音，紧接着发 [əŋ]。在普通话里，韵母 ueng 只有零声母一种音节形式。

[发音例词] 嗡嗡 wēngwēng　瓮城 wèngchéng　主人翁 zhǔrénwēng

训练材料

读准下列词语的韵母

安全 ānquán	版本 bǎnběn	边缘 biānyuán
坚韧 jiānrèn	元旦 yuándàn	全面 quánmiàn
频繁 pínfán	民间 mínjiān	轮船 lúnchuán
温泉 wēnquán	村镇 cūnzhèn	问讯 wènxùn
循环 xúnhuán	方向 fāngxiàng	彷徨 pánghuáng
掌声 zhǎngshēng	刚劲 gāngjìng	朗诵 lǎngsòng
帮凶 bāngxiōng	香肠 xiāngcháng	象征 xiàngzhēng
良种 liángzhǒng	总揽 zǒnglǎn	钻床 zuànchuáng

第四节　韵母发音辨正

一、i 和 ü 的辨正

（一）发音辨正

发 i 时，不圆唇，舌位前、高，嘴角向两边展开，舌尖轻触下齿背，舌面前部隆起，发音时声带颤动，软腭上升，关闭鼻腔通路。

发 ü 时，圆唇，舌位前、高，舌尖轻触下齿背，舌面前部隆起，发音时声带颤动，软腭上升，关闭鼻腔通路。

（二）发音练习

期 qī	你 nǐ	李 lǐ	稀 xī	椅 yǐ
屈 qū	女 nǚ	屡 lǚ	虚 xū	雨 yǔ
比翼 bǐyì		办理 bànlǐ		歧义 qíyì
区域 qūyù		比喻 bǐyù		伴侣 bànlǚ

二、u 和 ü 的辨正

（一）发音辨正

u 舌位在前，u 的圆唇形状与 ü 的圆唇略有不同，u 最圆，双唇向前突出。

ü 舌位在后，ü 唇形略扁，双唇不太突出。

（二）发音练习

路 lù	属 shǔ	出 chū	如 rú	煮 zhǔ
率 lǜ	许 xǔ	居 jū	鱼 yú	举 jǔ
树木 shùmù		记录 jìlù		主义 zhǔyì
旅行 lǚxíng		畜牧 xùmù		纪律 jìlǜ

三、e 和 o 的辨正

（一）发音辨正

e 和 o 的发音情况大致相同，区别在于发 o 音时唇形圆，发 e 音时唇形不圆，可以用唇形变化的办法来练习，掌握这两个韵母的发音方法。

此外，在声韵拼合规律上，普通话的韵母 o 只跟 b、p、m、f 拼合，而韵母 e 却相反，不能和这四个声母拼合（“什么”的“么”字除外），所以大家记住 b、p、m、f 后面的韵母一定是 o 而不是 e。

（二）发音练习

歌 gē	禾 hé	阁 gé	河 hé	科 kē
播 bō	佛 fó	婆 pó	摸 mō	坡 pō
合格 hégé		大河 dàhé		特色 tèsè
叵测 pǒcè		破格 pògé		大佛 dàfó

四、 ou 和 uo 的辨正

（一）发音辨正

发 ou 音时，从后、半高、圆唇元音［o］开始，舌位向［u］的方向滑动升高，前长后短，前重后轻。

发 uo 音时，从后、高、圆唇元音［u］开始，舌位立刻向下滑到［o］，前短后长，前重后轻。

两者的尾音是不同的。

（二）发音练习

斗 dòu	收 shōu	漏 lòu	走 zǒu	偷 tōu
拖 tuō	落 luò	缩 suō	阔 kuò	做 zuò
小邹 xiǎozōu		谋划 móuhuà		大楼 dàlóu
啰唆 luōsuo		琢磨 zhuómo		捉摸 zhuōmō

五、 an 和 ang 的辨正

（一）发音辨正

an 与 ang 在发音上有三点不同：

第一，韵腹 a 舌位前后不同，an 由“前 a”开始发音，ang 由“后 a”开始发音。

第二，舌位的滑动路线和终点位置不同，发 an 时，舌尖的活动是顶下齿背到抵上牙床（硬腭前部），舌面稍升；发 ang 时，舌尖离开下齿背，舌头后缩，舌根抬起与软腭接触。发完 an 音时，舌前伸；发完 ang 音时，舌头后缩。

第三，收音时，比较二者口型，an 上下齿闭拢，ang 口微开。

（二）发音练习

满 mǎn	蓝 lán	叁 sān	干 gān	弯 wān
莽 mǎng	狼 láng	桑 sāng	刚 gāng	汪 wāng
烂漫 lànmàn		扳手 bānshou		心烦 xīnfán
新房 xīnfáng		浪漫 làngmàn		帮手 bāngshǒu

六、en 和 eng 的辨正

（一）发音辨正

发 en 音时，在发完央元音［ə］后，舌尖要向上齿龈移动，最后抵住上齿龈发［n］。
发 eng 音时，在发完央元音［ə］后，舌面后部要往软腭移动并抵住软腭发［ŋ］。

（二）发音练习

门 mén	笨 bèn	真 zhēn	痕 hén	森 sēn
蒙 méng	蹦 bèng	争 zhēng	横 héng	僧 sēng
秋分 qiūfēn		审视 shěnshì		吩咐 fēnfù
丰富 fēngfù		秋风 qiūfēng		省事 shěngshì

七、in 和 ing 的辨正

（一）发音辨正

发 in 音时，在发完［i］后，舌尖向上齿龈移动，最后抵住上齿龈发［n］。
发 ing 音时，在发完［i］后，舌面后部往软腭移动并抵住软腭发［ŋ］。

（二）发音练习

宾 bīn	进 jìn	拼 pīn	因 yīn	信 xìn
兵 bīng	竞 jìng	乒 pīng	英 yīng	姓 xìng
人民 rénmín		临时 línshí		亲生 qīnshēng
轻生 qīngshēng		人名 rénmíng		零食 língshí

第五节　韵母训练

一、词语练习

钻营 zuānyíng	纵然 zòngrán	专政 zhuānzhèng
装扮 zhuāngbàn	壮观 zhuàngguān	衷心 zhōngxīn
终年 zhōngnián	仲春 zhòngchūn	真空 zhēnkōng
闯荡 chuǎngdàng	葱茏 cōnglóng	当中 dāngzhōng
灯光 dēngguāng	订正 dìngzhèng	动听 dòngtīng
芳香 fāngxiāng	放映 fàngyìng	昂扬 ángyáng
冰冻 bīngdòng	秉性 bǐngxìng	病房 bìngfáng
冰箱 bīngxiāng	帮忙 bāngmáng	锋芒 fēngmáng
防洪 fánghóng	栋梁 dòngliáng	东方 dōngfāng
顶峰 dǐngfēng	党章 dǎngzhāng	从容 cóngróng
聪颖 cōngyǐng	真相 zhēnxiàng	重点 zhòngdiǎn
中肯 zhòngkěn	中餐 zhōngcān	装点 zhuāngdiǎn
转让 zhuǎnràng	准绳 zhǔnshéng	钻床 zuànchuáng
总揽 zǒnglǎn	专长 zhuāncháng	转动 zhuàndòng
庄严 zhuāngyán	中原 zhōngyuán	钟点 zhōngdiǎn
种田 zhòngtián	真诚 zhēnchéng	真正 zhēnzhèng
匆忙 cōngmáng	丛生 cóngshēng	荡漾 dàngyàng
鼎盛 dǐngshèng	冬青 dōngqīng	方向 fāngxiàng
仿宋 fǎngsòng	风光 fēngguāng	榜样 bǎngyàng
兵营 bīngyíng	并行 bìngxíng	

二、绕口令练习

扁担长，板凳宽，扁担没有板凳宽，板凳没有扁担长。扁担绑在板凳上，板凳不让扁担绑在板凳上，扁担偏要绑在板凳上。

粉红墙上画凤凰，先画一个红凤凰，再画一个黄凤凰。黄凤凰上面画上红，红凤凰上面画上黄，红凤凰成了红黄凤凰，黄凤凰成了黄红凤凰。粉红墙上分不清哪个是红凤凰，哪个是黄凤凰。

青龙洞中龙做梦，青龙做梦出龙洞，做了千年万载梦，龙洞困龙在深洞。自从来了新愚公，愚公捅开青龙洞，青龙洞中涌出龙，龙去农田做农工。

老彭捧着一个盆，路过老闻干活儿的棚。老闻的棚碰了老彭的盆，棚倒盆碎棚砸盆，盆碎棚倒盆撞棚。老彭要赔老闻的棚，老闻要赔老彭的盆。老闻陪着老彭去买盆，老彭陪着老闻来修棚。

蓝教练是女教练，吕教练是男教练，蓝教练不是男教练，吕教练不是女教练。蓝南是男篮主力，吕楠是女篮主力，吕教练在男篮训练蓝南，蓝教练在女篮训练吕楠。

咱队有六十六条沟，沟沟都是大丰收。东山果园像彩楼，西山棉田似锦绣，北山有条红旗渠，滚滚青泉绕山走。过去瞧见这六十六条秃石沟，心里就难受；如今这六十六条彩楼、锦绣、万宝沟，瞧也瞧不够。

（孙敏　张妍彤　庞永冰）

第三章　普通话的声调

第一节　声调概述

一、声调的概念

声调，指一个音节发音时的高低升降。

声调的变化主要决定于音高，而音高的变化又是由发音时声带的松紧决定的。在发音过程中，声带可以随时调整，既能绷紧、放松，也能松紧相间。声带越紧，声音就越高；声带越松，声音就越低。这就造成了不同的音高变化，形成了不同的声调。声调具有区别意义的作用，它是音节结构中不可缺少的成分。例如，“鲜鱼”（xiānyú）和“咸鱼”（xián yú），“夫妻”（fūqī）和“福气”（fúqì）等都是靠声调来区别的。

二、调值、调类与调号

（一）调值

调值是一个音节高低升降的具体音值，也就是声调的实际读法。记录普通话的调值一般采用“五度标记法”，即用一条分为 5 度的竖线作为标尺，自下而上，用数字表示声音由低而高，再用自左至右的辅线表示声调的升降起止度数，如图 2－2 所示。平调和降调用两个数字，曲折调用三个数字，根据这种标调方法，普通话声调的四种调值可以用图 2－2 表示出来。

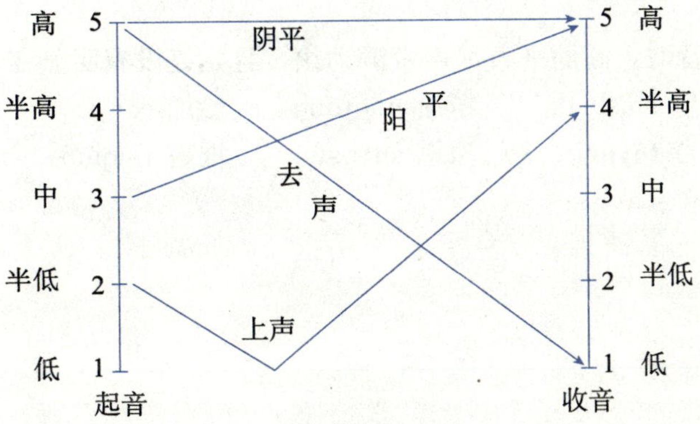

图 2－2　普通话调值五度标记图

（二）调类

调类就是声调的种类，是把调值相同的字归在一起得出的声调类别，因此，有几种调值就有几个调类。普通话有四种调值，因而有四个调类（见图 2-2）。调值为 55 的，归为一类叫阴平，如“江山多娇”等；调值为 35 的，归为一类叫阳平，如“人民和平”等；调值为 214 的，归为一类叫上声，如“理想美好”等；调值为 51 的，归为一类叫去声，如“庆祝大会”等。另外，调类名称也可以用序数表示，称为一声、二声、三声、四声，简称为“四声”。

（三）调号

调号指的是标记普通话调类的符号。《汉语拼音方案》中所规定的调号为：阴平“ˉ”、阳平“ˊ”、上声“ˇ”、去声“ˋ”。声调是整个音节的高低升降的调子，声调的高低升降的变化主要集中体现在韵腹即主要元音上，因此，对于调号的标注要标在韵母的韵腹上。汉语六个主要元音中，发音最响亮的是 a，依次是 o、e、i、u、ü。音节中如果有 a，调号标注在 a 上；没有 a，标注在 o 或者 e 上；遇到 iu、ui 组成的音节，调号标注在最后一个元音上；调号如标在 i 上，i 上面的圆点省去。

为准确标注调号，可熟记一下口诀：

a o e i u ü，标调依然按顺序，
i u 并列标后面，i 上标调点抹去。

第二节　声调发音分析

一、阴平

阴平，第一声，高平调，调值 55。

[发音技巧] 发音时，高而平直，声带颤动快，且始终没有明显变化，保持高音。

[发音例词] 师生 shīshēng　精通 jīngtōng　参加 cānjiā
发音 fāyīn　深思 shēnsī　推敲 tuīqiāo

二、阳平

阳平，第二声，中升调，调值 35。

[发音技巧] 发音时，由 3 度升到 5 度，有较大升幅变化。

[发音例词] 沉吟 chényín　防洪 fánghóng　学习 xuéxí
常识 chángshí　识别 shíbié　核实 héshí

三、上声

上声，第三声，降升调，调值 214。

[发音技巧] 发音时，由 2 度降到 1 度，再由 1 度升到 4 度，变化曲折。
[发音例词] 保险 bǎoxiǎn　指导 zhǐdǎo　舞蹈 wǔdǎo
陕北 shǎnběi　只有 zhǐyǒu　处理 chǔlǐ

四、去声

去声，第四声，全降调，调值 51。

[发音技巧] 发音时，由 5 度降到 1 度，有较大的降幅变化。
[发音例词] 幸运 xìngyùn　护照 hùzhào　任务 rènwù
大地 dàdì　自立 zìlì　正式 zhèngshì

第三节　声调训练

一、单音节训练

妈 mā	麻 má	马 mǎ	骂 mà
哥 gē	革 gé	葛 gě	个 gè
坡 pō	婆 pó	叵 pǒ	破 pò
鸡 jī	急 jí	几 jǐ	计 jì
番 fān	烦 fán	反 fǎn	犯 fàn
荒 huāng	黄 huáng	谎 huǎng	晃 huàng
乌 wū	吴 wú	五 wǔ	误 wù
淤 yū	鱼 yú	雨 yǔ	玉 yù

二、双音节训练

阴平

波涛 bōtāo　　炊烟 chuīyān　　沙滩 shātān
欢呼 huānhū　　鲜花 xiānhuā　　芳香 fāngxiāng
压缩 yāsuō　　丰收 fēngshōu　　珍惜 zhēnxī
几乎 jīhū　　阴天 yīntiān　　诗歌 shīgē

阳平

文学 wénxué　　驰名 chímíng　　勤劳 qínláo
才能 cáinéng　　前途 qiántú　　蓬勃 péngbó
黎明 límíng　　纯洁 chúnjié　　繁荣 fánróng
翱翔 áoxiáng　　重逢 chóngféng　　红旗 hóngqí

上声

水果 shuǐguǒ　　理想 lǐxiǎng　　许可 xǔkě
简短 jiǎnduǎn　　领导 lǐngdǎo　　海岛 hǎidǎo
玛瑙 mǎnǎo　　采访 cǎifǎng　　影响 yǐngxiǎng
展览 zhǎnlǎn　　简朴 jiǎnpǔ　　旅馆 lǚguǎn

去声

热爱 rè'ài　　缔造 dìzào　　路面 lùmiàn
放牧 fàngmù　　荡漾 dàngyàng　　胜利 shènglì
伴奏 bànzòu　　锐利 ruìlì　　耐力 nàilì
倡议 chàngyì　　建设 jiànshè　　锻炼 duànliàn

阴—阳

积极 jījí　　凄凉 qīliáng　　挖掘 wājué
发达 fādá　　诙谐 huīxié　　参谋 cānmóu

阴—上

金属 jīnshǔ　　参考 cānkǎo　　艰苦 jiānkǔ
歌曲 gēqǔ　　倾吐 qīngtǔ　　飘洒 piāosǎ

阴—去

拍摄 pāishè　　扑灭 pūmiè　　刚毅 gāngyì
督促 dūcù　　激烈 jīliè　　清脆 qīngcuì

阳—阴

伏击 fújī　　学说 xuéshuō　　节约 jiéyuē

节拍 jiépāi　　情操 qíngcāo　　崇高 chónggāo

阳—上

滑雪 huáxuě　　狭窄 xiázhǎi　　拂晓 fúxiǎo

平等 píngděng　　直属 zhíshǔ　　长跑 chángpǎo

阳—去

跋涉 báshè　　格式 géshì　　融洽 róngqià

决策 juécè　　学术 xuéshù　　肥沃 féiwò

上—阴

启发 qǐfā　　广播 guǎngbō　　惋惜 wǎnxī

水晶 shuǐjīng　　委托 wěituō　　理亏 lǐkuī

上—阳

北伐 běifá　　笔直 bǐzhí　　皎洁 jiǎojié

匹敌 pǐdí　　朴实 pǔshí　　锦旗 jǐnqí

上—去

笔墨 bǐmò　　法律 fǎlǜ　　改善 gǎishàn

礼貌 lǐmào　　阐述 chǎnshù　　翡翠 fěicuì

去—阴

唱歌 chànggē　　教师 jiàoshī　　气氛 qìfēn

健康 jiànkāng　　桂花 guìhuā　　刺激 cìjī

去—阳

斥责 chìzé　　克服 kèfú　　富饶 fùráo

祝福 zhùfú　　玉石 yùshí　　序言 xùyán

去—上

肋骨 lèigǔ　　烈属 lièshǔ　　创举 chuàngjǔ

彻底 chèdǐ　　乐曲 yuèqǔ　　洞晓 dòngxiǎo

三、四声训练

兵强马壮 bīngqiáng—mǎzhuàng　　山重水复 shānchóng—shuǐfù

光明磊落 guāngmíng—lěiluò
风调雨顺 fēngtiáo—yǔshùn
碧草如茵 bìcǎo—rúyīn
妙手回春 miàoshǒu—huíchūn
厚古薄今 hòugǔ—bójīn
刻骨铭心 kègǔ—míngxīn
趾高气扬 zhǐgāo—qìyáng
和风细雨 héfēng—xìyǔ
眉飞色舞 méifēi—sèwǔ
心满意足 xīnmǎn—yìzú
追本溯源 zhuīběn—sùyuán
掌上明珠 zhǎngshàng—míngzhū
轻重缓急 qīngzhòng—huǎnjí
天长地久 tiāncháng—dìjiǔ
虚怀若谷 xūhuái—ruògǔ
春意盎然 chūnyì—àngrán
温文尔雅 wēnwén—ěryǎ
言简意赅 yánjiǎn—yìgāi
普天同庆 pǔtiān—tóngqìng
不拘小节 bùjū—xiǎojié
万紫千红 wànzǐ—qiānhóng
豁然开朗 huòrán—kāilǎng
墨守成规 mòshǒu—chéngguī
逆水行舟 nìshuǐ—xíngzhōu
卧薪尝胆 wòxīn—chángdǎn
弄巧成拙 nòngqiǎo—chéngzhuō

四、 绕口令训练

王家有只黄毛猫，偷吃汪家灌汤包，汪家打死王家的黄毛猫，王家要汪家赔王家的黄毛猫，汪家要王家赔汪家的灌汤包。

墙上有个老南瓜，掉下来打着胖娃娃。娃娃叫妈妈，妈妈摸娃娃，娃娃骂南瓜。

路东住着刘小柳，路南住着牛小妞。刘小柳拿着大皮球，牛小妞抱着大石榴。刘小柳把皮球送给牛小妞，牛小妞把石榴送给刘小柳。

老师老是叫老史去捞石，老史老是没有去捞石，老史老是骗老师，老师老是说老史不老实。

（沙漠　张妍彤　孙阿琳）

第四章　普通话音变

说话或朗读时，要把音节组成词、句连续发出。在连续的语流中，音节之间、音素之间、声调之间相互影响，就会产生语音变化，这就是音变。普通话语音中常见的音变现象有：轻声、变调、儿化、语气词“啊”的变化等。音变是有一定规律的，学习和掌握这些规律，把这些规律运用于口语表达中，能使我们的语言更流畅、更自然、更谐调，发音更轻松。

第一节　轻声

一、轻声的含义

普通话的每个音节都有一定的声调。但在一定的语言环境中，有的音节失去原调，变成一种又轻又短的调子，这就是轻声。

轻声是音节连读时产生的一种音变现象，轻声音节总是出现在其他音节后面，或是夹在词语中间，一般不出现在一个词或句子的开头。所有的轻声音节都要失去它原来的调值，但是轻声音节在音的高低上又会受前面音节调值的影响而产生差异。一般情况下，前面的音节是上声，后面的轻声就稍高，例如，走着 zǒuzhe，紫的 zǐde；前面的音节是阴平、阳平或去声，后面的轻声就低。

二、轻声的作用

轻声使普通话语音变得更加丰富，有些轻声还具有区别词义或词性的作用。例如：

东西 dōngxi（物体）　　dōngxī（方向）

lìhai 厉害（形容词）　　lìhài 利害（名词）

三、轻声的规律

普通话语音有以下几种情况常读轻声。

（一）结构助词：的、地、得

例如：我们的　愉快地　写得好　非常地

（二）动态助词：着、了、过

例如：笑着　哭了　学过　唱着　完成了　毕业了

（三）语气助词：吗、吧、啦、呀、嘛、哇、啊等

例如：好吗　去吧　行啦　好啊　来呀　是吗

（四）名词或代词的后缀：子、头、们等

例如：桌子　石头　他们　燕子　苦头　咱们

（五）名词或代词后的方位词：上、下、里、边、面等

例如：墙上　地下　家里　左边　头上　树下　前面

（六）动词或形容词后面的趋向动词：来、去、起来、下去等

例如：进来　出去　回去　上来　站起来　请进来

（七）某些量词：个、些、封等

例如：一个　有些　写封信

（八）叠音词的第二个音节和重叠动词的第二、第四个音节

例如：爸爸　看看　讨论讨论　研究研究

（九）作宾语的人称代词：你、我、他

例如：请你　叫我　找他

（十）口语中有些双音节词第二个音节习惯上读轻声

例如：葡萄　玻璃　耳朵　相声　困难　粮食　朋友

训练材料

一、熟读下列轻声词

抽屉　胳膊　客气　功夫　脑袋　脾气　包袱
窗户　阔气　耳朵　亲戚　溜达　便宜　喇叭

亮堂	俏皮	惦记	桌子	故事	合同	妈妈
拳头	什么	他们	尾巴	衣服	月亮	外甥
新鲜	热闹	星星	扑克	八哥	巴结	差事
规矩	煎饼	舒坦	清楚	结实	交情	灯笼
出息	收成	衣裳	踏实	招呼	斯文	松快
薪水	白净	柴火	长处	福分	福气	行当
累赘	苗条	牙碜	油水	盘算	学问	部分
便当	报酬	故事	厚道	晃荡	力量	利落
任务	照应	打算	法子	牡丹	讲究	主意
体面	打扮	东家	精神	兄弟	学生	运气

二、读下列句子，指出读轻声的词语

1. 相声是一门艺术。
2. 小家伙真聪明。
3. 我的钥匙丢了。
4. 葡萄真好吃。
5. 一亩地能产多少粮食?
6. 早晨空气很新鲜，让人感觉很舒服。
7. 我们的任务是擦玻璃。
8. 你朋友的裙子真漂亮。
9. 只有不怕困难才能取得胜利。
10. 这事很麻烦。

三、朗读短文，注意带点的轻声词语

这是入冬以来，胶东半岛上第一场雪。

雪纷纷扬扬，下得很大。开始还伴着一阵儿小雨，不久就只见大片大片的雪花，从彤云密布的天空中飘落下来。地面上一会儿就白了。冬天的山村，到了夜里就万籁俱寂，只听得雪花簌簌地不断往下落，树木的枯枝被雪压断了，偶尔咯吱一声响。

第二节　变调

音节连续发出时，有些音节的调值会发生变化，就是变调。普通话的变调主要有：上声的变调，重叠式形容词的变调，“一”和“不”的变调。

一、上声的变调

（一）两个上声字相连的变调

两个上声字相连，前面一个上声字变成阳平。例如：

很好　理想　水产　美好　水桶　粉笔　许久

（二）三个上声字相连的变调

三个上声字相连，如果后面没有其他音节，也不带什么语气，末尾音节一般不变调。开头、当中的上声音节有两种变调。

（1）当词语的结构是双音节＋单音节（双单格）时，开头、当中的上声音节调值变为35，跟阳平的调值一样。例如：

演讲稿　展览馆　选举法　管理组　水彩笔　古典美

（2）当词语的结构是单音节＋双音节（单双格），开头音节处在被强调的逻辑重音时，读作“半上”，调值变为211，当中音节则按两字组变调规律变为35。例如：

好领导　纸老虎　马厂长　好产品

（三）三个以上的上声字相连的变调

三个以上的上声字相连，按词或语气划分为两个或三个字一节，然后按照上述方法变调。例如：

我很｜了解你。请你｜给我｜找好手｜整理好。

（四）上声在非上声前的变调

上声在非上声（阴平、阳平、去声）前变为半上（调值由214变为21）。例如：

北方　火车　海关　许多　始终　指标　老师　纺织　土地

（五）上声在轻声音节前的变调

上声在轻声音节前变成半上或近似阳平。

（1）上声与本调是阴平、阳平、去声的轻声字相连，变为半上（调值由214变为21）。例如：

比方　讲究　枕头　老实　打发　脑袋　尾巴　伙计　使唤

（2）上声与本调是上声的轻声字相连，变为近似阳平（调值由214变为34）。例如：

打手　小姐　耳朵　管子　马虎

（六）上声重叠的变调

上声重叠表示亲属称谓的词，变为“半上＋轻声”。例如：

姥姥　姐姐　奶奶　婶婶

训练材料

一、上声在非上声前的变调

1. 在阴平字前

产生	普通	好书	本身	火车	眼光	体贴
老师	指挥	主观	紧张	板书	北方	打工

2. 在阳平字前

本人	本职	本能	美学	美名	美人	总结
旅行	仿佛	感情	有时	可能	以前	小时

3. 在去声字前

惨败	笔顺	感动	主任	反映	请假	表示
土地	巩固	保证	掌握	果树	法律	解放

4. 在轻声字前

暖和	马虎	掌上	伙计	耳朵	脸上	紫的
哑巴	底下	苦头	指甲	尾巴	喇叭	桌子

二、上声字与上声字相连时的变调

1. 两个上声字相连

版本	保举	彼此	产品	导体	典雅	反省
讲解	口语	马匹	乞讨	审美	所以	永远

2. 三个上声字相连

两米五	勇敢者	好领导	洗脸水	选举法
水彩笔	展览馆	冷处理	马厂长	好产品

三、朗读短句

（1）一切反动派都是纸老虎。

（2）请给我打盆洗脸水。

（3）我们的马厂长是一位好领导。

（4）这份演讲稿写得很好。

二、重叠式形容词的变调

重叠式形容词有三种形式，即 AA 式、ABB 式和 AABB 式。

（一）AA 式

AA 式一般不变调。例如：

快快地　长长的

只有带儿化韵尾时第二个叠字变成阴平。例如：

慢慢儿地　暖暖儿的　好好儿的　快快儿的　短短儿的

（二）ABB 式

后面的两个叠字都变成阴平。例如：

热腾腾　甜蜜蜜　明晃晃　绿油油　红彤彤　软绵绵

（三）AABB 式

第二个字变轻声，第三、四个字变阴平。例如：

漂漂亮亮　明明白白　老老实实　干干净净　利利索索

上述几种重叠式形容词，如果念得缓慢而又清楚，不变调也可以。至于一部分书面语言中的重叠式形容词，则不能变调。

三、"一"的变调

"一"有以下四种声调：

（1）单念，在词句末尾，表示序数、基数或后边跟着别的数词时，读本调阴平。例如：

一　始终如一　第一　一九九五年

（2）在去声字前读阳平。例如：

一次　一道　一共　一律　一路　一倍　一概　一味

（3）在非去声（阴平、阳平、上声）字前，读去声。例如：

一心　一年　一般　一生　一连　一时　一朵　一体　一起

（4）夹在重叠的词中间读轻声。例如：

看一看　猜一猜　等一等　走一走　想一想　说一说　尝一尝

训练材料

一、读下列词语，注意“一”的变调

一天　一群　一笔　一样　一切　一斤　一家　一组

想一想　听一听　试一试　一来二去　一了百了　一落千丈

一脉相承　一毛不拔　一劳永逸

二、绕口令练习

一二三，三二一，一二三四五六七，七六五四三二一。一个姑娘来摘李，一个小伙儿来摘梨，一个小孩儿来拣栗。三个人一起出大力，收完李子栗子梨，一起拉到市上去赶集。

三、朗读短文

有一个小伙子，手拿着一束鲜花，在一个公园门口，等待一位好姑娘。这位好姑娘，骑着一辆自行车，从一个拐角出来一直骑到公园门口。两人一见如故，并肩携手一同走进大门口。他们一边走一边把情话谈吐。

一个说：我一定努力学习，天天进步；一个说：我一定好好工作，决不落后。俩人越谈越热乎，一同表示要在攻关小组立新功，为建设四化共同迈大步。

四、“不”的变调

“不”有以下三种声调：

（1）单念，在词句末尾或非去声（阴平、阳平、上声）字前读本调去声。例如：

不　我决不　不惜　不公　不行　不久　不说　不谈　不写

（2）在去声字前读阳平。例如：

不错　不看　不便　不屑　不适　不在　不快　不断　不必

（3）夹在词语之间读轻声。例如：

信不信　差不多　好不好　用不着　来不及　挡不住

训练材料

一、读下列词语，注意“不”的变调

不去　不想　不看　不行　不惜　不来　不要　不忍

说不定　来不及　买不起　不卑不亢　不义之财

不三不四　　不拘一格　　不伦不类　　不即不离

二、绕口令练习

有一位不高不矮的老头儿，领着一个不大不小的男孩儿，去找不老不小的父母。

爷孙俩不慌不忙地走着，前后左右地张望着……在一个不上不下的台阶儿上，看见了不动声色的父母，抱着一对不好不坏的小狮子，正不知所措地站立着。看见爷孙一起走来，这对夫妇不好意思地向一老一小道了过失。

三、朗读短文

冬冬不小心打碎了一个花瓶，他急得团团转。爸爸见了不动声色，这使冬冬更不知所措……

妈妈不慌不忙地走过来，和蔼地安慰冬冬说："今天这个花瓶不是你故意打碎的，妈妈不批评你；不过，以后干事情可不要再粗心了。"

冬冬歉意地点了点头。接着，爸爸又风趣地说："旧的不去，新的不来嘛！"这才使冬冬心头的一块石头落了地，连连向爸爸妈妈表示说："以后我再也不粗心大意不管不顾了。"

第三节　儿化

在普通话里，卷舌元音 er 自成音节时，只有"儿、耳、而、饵、尔、二"等几个字。普通话的 er 可以同其他韵母结合起来（写作 r），构成卷舌韵母（儿化韵），这种现象就是儿化。

普通话的韵母除 er 和 ê 之外，都可以儿化。儿化韵里的 er 不能念成 er，只在前面韵母的元音上附加一个卷舌动作，使那个韵母带上卷舌的声音。例如：

歌儿 gēr　　花儿 huār

一、儿化的作用

（一）区别词义

例如：

头 tóu（脑袋）　　头儿 tóur（领头的人）

后门 hòumén（后面的门）　　后门儿 hòuménr（非正当途径）

（二）区别词性

例如：

画 huà（动词）　　　　画儿 huàr（名词）

破烂 pòlàn（形容词）　　破烂儿 pòlànr（名词）

（三）表示细小、轻微的意思

例如：

小脸儿　　门缝儿　　树枝儿　　慢慢儿走　　说说贴心话儿

（四）表示温婉的语感

例如：

山歌儿　　好玩儿　　女孩儿

二、“儿化韵”的发音变化规律

儿化韵的发音根据韵母卷舌的难易程度发生变化，见表 2－5。卷舌顺利则不变，卷舌不便利甚至不能卷舌的，就要有相应的变化。儿化韵的拼写，只需在音节末尾加一个 r，不必表示出韵母实际读音的变化。

表 2－5　儿化韵发音变化规律

原韵或尾音	儿化	实际读音	
韵母或尾音是 a、o、e、u	不变，加 r	号码儿（hàomǎr） 粉末儿（fěnmòr） 草帽儿（cǎomàor） 唱歌儿（chànggēr） 小猴儿（xiǎohóur）	花儿（huār） 书桌儿（shūzhuōr） 麦苗儿（màimiáor） 眼珠儿（yǎnzhūr） 打球儿（dǎqiúr）
尾音是 i、n	丢 i 或 n，加 r	盖儿（gàr） 刀背儿（dāobèr） 心眼儿（xinyǎr） 花园儿（huāyuár）	一块儿（yíkuàr） 味儿（wèr） 弯儿（wār） 窍门儿（qiàomér）
尾音是 ng（ing 除外）	丢 ng，加 r，元音鼻化	药方儿（yàofār）	帮忙儿（bāngmár）
韵母是 i、ü	不变，加 er	玩意儿（wányìer）	毛驴儿（máolűer）
韵母是-i	丢 i，加 er	词儿（cér）	事儿（shèr）
韵母是 ui、in、un、ün	丢 i 或 n，加 er	麦穗儿（màisùer） 飞轮儿（fēilúer）	干劲儿（gànjìer） 花裙儿（huāqúer）
韵母是 ing	丢掉韵尾，加鼻化的 er	打鸣儿（dǎmíer）	花瓶儿（huāpíer）

训练材料

读准下列儿化词语

奔头儿	冰棍儿	大伙儿	刀把儿	调门儿	电影儿	调号儿
粉末儿	玩意儿	心眼儿	字眼儿	心窝儿	被窝儿	老头儿
老伴儿	劲头儿	聊天儿	模特儿	口哨儿	桑葚儿	照片儿
雪人儿	纳闷儿	时髦儿	皮筋儿	烟卷儿	外号儿	光棍儿
冰棍儿	打滚儿	笔杆儿	光杆儿	羊羔儿	饱嗝儿	包盖儿
脸蛋儿	没错儿	板擦儿	瓣儿	点儿	兜儿	份儿
个儿	猴儿	核儿	会儿	活儿	劲儿	角儿
壳儿	块儿	门儿	面儿	哪儿	那儿	娘儿
馅儿	眼儿	这儿	子儿	庄儿	玩儿	易拉罐儿
兔儿	味儿	好样儿的				

第四节　语气词“啊”的变化

“啊”用在语句末尾时，由于受前面音节末尾音素的影响，常发生不同的音变现象，主要有以下几种情况：

第一，前面的音素是 a、o、e、ê、i、ü 时，读 ya，可写作“呀”。例如：

(1) 他怎么不回家呀？

(2) 怎么给我这么多呀？

(3) 多漂亮的天鹅呀！

(4) 那是谁的鞋呀？

(5) 桂林的山真奇呀！

(6) 会不会下雨呀？

第二，前面的音素是 u（包括 ao、iao）时，读 wa，可写作“哇”。例如：

(1) 他会不会跳舞哇？

(2) 这个小朋友真好哇！

(3) 花篮做得多精巧哇！

第三，前面的音素是 n 时，读 na，可写作“哪”。例如：

(1) 投得真准哪！

（2）你是哪里人哪？

第四，前面的音素是 ng 时，读 nga，仍写作“啊”。例如：

（1）河水真清啊！

（2）大家唱啊！

第五，前面的音素是-i（后）、r（er 或儿化韵）时，读 ra，仍写作“啊”。例如：

（1）她真是一位好老师啊！

（2）歌声多么悦耳啊！

（3）多可爱的小狗儿啊！

第六，前面的音素是-i（前）时，读 za，仍写作“啊”。例如：

（1）要好好练字啊！

（2）你可要三思啊！

训练材料

一、朗读下列句子，注意“啊”的音变

ia	你怎么还不回家呀（jiā ya）？
o	他是你大伯呀（bó ya）！
üe	好大的雪呀（xuě ya）！
ai	你发什么呆呀（dāi ya）！
uei	你看对不对呀（duì ya）？
ü	漓江的水真绿呀（lǜ ya）！
ou	这么多够不够哇（gòu wa）？
iou	这是什么酒哇（jiǔ wa）？
ao	实习老师对我们多好哇（hǎo wa）！
ian	这孩子真可怜哪（lián na）！
üan	你快点选哪（xuǎn na）！
eng	这几天真冷啊（lěng nga）！
ong	电话打不通啊（tōng nga）！
-i（前）	办学要舍得投资啊（zī za）！
-i（后）	要实事求是啊（shì ra）！
r	明天是三月二十二啊（èr ra）！

二、将下列句子中“啊”的实际读音拼写在括号里

（1）哪个公司啊？（　　　　　　　　　　）

（2）是他啊！（　　　　　　　　　　）

（3）好大的网啊！（　　　　　　　　　　）

（4）看电视啊！（　　　　　　　　　　）

（5）加油干啊！（　　　　　　　　　　）

（6）这是一本好书啊！（　　　　　　　　　　）

（7）他在写字啊！（　　　　　　　　　　）

（8）你去过几次啊？（　　　　　　　　　　）

（9）这是件大事啊！（　　　　　　　　　　）

第五节　普通话语音规范

普通话的语音规范是以北京语音为标准的，但北京话并不等于普通话。北京语音的声、韵、调及它们之间的配合关系是比较明确和一致的，但是在具体的词或字的读音上，有的还存在一些分歧，例如："亚洲"有人读 yàzhōu，也有人读 yǎzhōu；"教室"有人读 jiàoshì，也有人读 jiàoshǐ；"多么"有人读 duōme，也有人读 duóme 等。这使得方言区人在学习普通话时感到普通话语音的规范在某些方面还不够明确。因此，必须对流传在社会上的不统一的读音加以整理，制定出规范的读音。这是当前学习普通话语音的一个值得重视的问题。

一、普通话语音异读词规范

异读词是指同一个词有几个不同的读音。例如上面所举的"亚洲""教室""多么"等。凡是异读词尽管读音不同，但词义是没有区别的。为了统一读音，制定规范，普通话审音委员会分别于 1957 年、1959 年、1962 年三次发布了《普通话异读词审音表》（初稿），经社会上广泛使用后进行修订，于 1985 年 12 月发布修订后的《普通话异读词审音表》。2016 年 5 月发布了《普通话异读审音表》（修订稿）。现在凡有异读的词语一律以修订后的《普通话异读词审音表》规定的读音为规范。这里举出部分常见的例词：

例词	统读	取消	例词	统读	取消
亚洲	yà	yǎ	暂时	zàn	zǎn
号召	zhào	zhāo	灿烂	càn	cǎn
卓越	zhuó	zhuō	惩罚	chéng	chěng
卑鄙	bǐ	bì	从容	cóng	cōng

乘车	chéng	chèng	档案	dàng	dǎng
雌雄	cí	cī	悼念	dào	dǎo
呆板	dāi	ái	五更	gēn	jīng
领导	dǎo	dào	混乱	hùn	hǔn
复杂	fù	fǔ	脊梁	jǐ	jí
骨头	gǔ	gú	夹道	jiā	jiá
一会儿	huì	huǐ	发酵	jiào	xiào
事迹	jì	jī	门框	kuàng	kuāng
比较	jiào	jiǎo	嫩	nèn	nùn
鞠躬	jū	jú	教室	shì	shǐ
包括	kuò	guò	穴位	xué	xuè
围绕	rào	rǎo	盟誓	méng	míng
往返	wǎng	wàng	荨麻	qián	xún
咆哮	xiào	xiāo	成绩	jì	jī
曝光	bào	pù	澎湃	péng	pēng
为啥	shá	shà	穿凿	záo	zuò/zuó
多么	duō	duó	指甲	zhǐ	zhī/zhí
河沿	yán	yàn	屡见不鲜	xiān	xiǎn

二、 普通话中的多音多义字

普通话里常用字中有三四百个多音多义字。这些多音多义字字形同一，读音和意义、用法却不同，必须仔细分辨，认真掌握。

（一）词性不同所形成的多音字

例字	字音	词性	组词
创	chuāng	名词	创伤
	chuàng	动词	创造、创作
量	liàng	名词	质量、宽宏大量
	liáng	动词	丈量、量体裁衣
泊	bó	动、形	停泊、淡泊
	pō	名词	湖泊、血泊

藏	cáng	动词	埋藏、躲藏
	zàng	名词	宝藏
长	cháng	形容词	长短、长期
	zhǎng	动词	长大、生长
朝	cháo	动词	朝前、朝左
	zhāo	名词	朝阳、朝气
号	hào	名词	称号、号码
	háo	动词	号叫
难	nán	形容词	困难、难懂
	nàn	名词	灾难、苦难
为	wéi	动词	人为的、大有可为
	wèi	介词	为什么、为人民服务
处	chǔ	动词	处理、处分、相处
	chù	名词	处所、办事处
传	chuán	动词	传递
	zhuàn	名词	传记、小传
得	dé	动词	得到
	děi	副词	务必得去
	de	助词	好得很
更	gēng	动词	更改、自力更生
	gèng	副词	更加
假	jiǎ	形容词	真假
	jià	名词	假期、放假
曲	qū	形容词	弯曲、曲折
	qǔ	名词	歌曲
丧	sāng	名词	丧事
	sàng	动词	丧失
盛	chéng	动词	盛饭
	shèng	形容词	茂盛、丰盛
	Shèng		（用于表示姓氏）
数	shǔ	动词	数一数
	shù	名词	数字、数目
兴	xīng	动词	兴起
	xìng	名词	兴趣
与	yǔ	连词	我与你
	yù	动词	参与、与会

（二）语音色彩不同形成的多音字

例字	书面		口语	
血	xuè	血压、血债	xiě	流血了
薄	bó	薄弱、淡薄	báo	纸很薄
嚼	jiáo	咬文嚼字	jué	咀嚼
给	jǐ	给予、供给	gěi	给我、给大家
勒	lè	勒索、勒令	lēi	勒死、勒紧
削	xuē	剥削、削弱	xiāo	削苹果
熟	shú	熟练、熟悉	shóu	饭熟了

（三）普通用法和专名、音译外来词等特殊用法不同造成的多音字

例字	普通用法		特殊用法	
单	dān	单位、单独	Shàn	姓氏
			Chán	单于（复姓）
番	fān	翻番、番茄	Pān	番禺（地名）
翟	dí	（长尾野鸡）	Zhái	姓氏
柏	bǎi	松柏、柏油	Bó	柏林（音译地名）
蚌	bàng	河蚌	Bèng	蚌埠（地名）
仇	chóu	仇恨、报仇	Qiú	姓氏
葛	gé	纠葛	Gě	姓氏
华	huá	中华、华丽、才华	Huà	姓氏、华山（地名）
济	jì	经济、救济	Jǐ	济南（地名）
解	jiě	解放	jiè	解款
			Xiè	姓氏
卡	qiǎ	关卡、卡住	kǎ	卡车、卡片（音译词）
乐	lè	快乐	Yuè	姓氏
			yuè	音乐
六	liù	第六名	Lù	六安（地名）、六合（地名）
秘	mì	秘密	Bì	秘鲁（国名）
宁	níng	安宁	Nìng	姓氏
			nìng	宁可
区	qū	地区、区别	Ōu	姓氏
厦	shà	大厦	Xià	厦门（地名）
任	rèn	任务、责任	Rén	姓氏

（四）其他表示不同意义的多音多义字

例字	字音	组词
劲	jìn	费劲、干劲、劲头
	jìng	刚劲、劲旅
落	luò	落实、落后
	lào	落枕
	là	丢三落四
当	dāng	稳当、应当、正当
	dàng	当真、勾当、恰当、妥当
挨	āi	挨近、挨次
	ái	挨打、挨饿
似	shì	似的
	sì	似乎、类似、相似、归心似箭
角	jiǎo	三角
	jué	角斗、口角、角儿、主角
参	cān	参加、参观
	shēn	人参
	cēn	参差
转	zhuàn	运转、倒转
	zhuǎn	转载、转文
差	chā	差别、差错
	chāi	出差、差遣
	cī	参差
	chà	差不多、成绩差
埋	mái	埋伏
	mán	埋怨
炸	zhà	爆炸、炸弹
	zhá	油炸、炸酱
倒	dǎo	打倒、倒闭
	dào	倒水、倒退
荷	hé	荷花
	hè	电荷、负荷
的	dì	目的、有的放矢
	dí	的确
	de	我的书

悄	qiāo	悄悄
	qiǎo	悄然
绿	lǜ	绿色
	lù	绿林、鸭绿江
恶	è	恶劣、凶恶
	wù	厌恶、可恶
	ě	恶心
供	gōng	供应、供给
	gòng	供奉、供认、口供
亲	qīn	亲属、亲人、父亲
	qìng	亲家
将	jiāng	将来、将军
	jiàng	大将、将校
省	shěng	节省、省份
	xǐng	省亲、反省、省察
降	jiàng	下降、降临
	xiáng	投降
提	tí	提高、提纲、提醒
	dī	提防
结	jié	结合、结婚、结果
	jiē	结巴、结实、结了个果子
吓	xià	吓唬、惊吓
	hè	恐吓
空	kōng	天空、空想、空洞
	kòng	空白、空闲、钻空子
殷	yīn	殷勤、殷切
	Yīn	姓氏
	yān	殷红
累	lèi	劳累
	léi	累赘、果实累累
	lěi	累计、日积月累
载	zài	装载、运载、载歌载舞
	zǎi	记载、千载难逢
笼	lóng	笼子
	lǒng	笼统、笼罩
和	hé	和平、你和我
	hè	唱和、应和

	huò	和药
	hú	和了（打牌用语）
	huo	暖和、掺和
	huó	和泥、和面
率	lǜ	效率
	shuài	率领、轻率、直率
模	mó	模范、模糊
	mú	模样、模子
炮	pào	大炮、鞭炮
	páo	炮制
着	zhuó	着落、着想、着眼
	zháo	着急、着凉、着火、睡着了
	zhāo	高着
	zhe	坐着
强	qiáng	强大、强壮
	qiǎng	强迫、勉强、强词夺理
	jiàng	倔强

（沙漠　乔婷　李璐良）

第三篇

普通话水平测试专项指导

第五章　朗读指导

第一节　朗读简介

朗读是把文字作品转化为普通话有声语言的一种再创造性的言语活动。它要求朗读者运用清晰的普通话语音，有感情、有技巧地把一篇文字变成一段语流，准确、鲜明、生动地再现文字作品的思想感情。

一、 朗读的类型

文字作品的内容千差万别，体裁各有不同，朗读的目的、对象也各不相同。这就决定了朗读也有不同的类型。

（一）课堂（广播）朗读

这种朗读是看着作品清晰响亮地读。它对生活语言的提炼越接近生活，越会使听者感到亲切。它的基本要求是正确、流利、有感情。

（二）朗诵

朗诵是一种艺术表演。语言表达的夸张幅度比朗读大，并辅以表情、动作来强化其表达效果。它比朗读高一个层次，对声音、技巧的要求比较高，具有艺术性、欣赏性的特点。

（三）念读

念读一般是为理解书面语言而照字读音，不要求再现作品内容和思想感情以感染听者，不太讲究表达技巧。

我们在测试中提倡用清晰响亮、自然亲切的课堂朗读。要避免出现照字念音、平淡乏味的念读腔，有口无心、小声含糊的念经腔，拿腔拿调、矫揉造作的朗诵腔等。

二、 普通话水平测试中的朗读

普通话水平测试中朗读短文的目的是考查应试人用普通话朗读书面材料的水平，重点考查语音、连续音变（上声、“一”和“不”）、语调（语气）等项目。测试以超方言的文字材料为基础，在语流中考查应试人的普通话规范程度和朗读短文的自然流畅程度。

普通话水平测试对朗读的主要要求如下：

（1）语流中音节读音基本正确。在语流中音节呈多样化形式出现，所谓正确的音节是指语流中音节读音符合普通话音系，不带有方言成分、方言色彩和方言痕迹，还包括不读错字。

（2）音变要符合普通话规律。普通话的音变有其规律，特别是上声、“一”和“不”的变调规律性很强，轻声、儿化、语气词也有其自身特点。方言与普通话在音变方面是有差异的。该变读的音节没变读，或者按照方言的习惯进行变读，都视为错误。

（3）语调自然，言语流畅。语调与字调、句调、语气词、节律有关，这些语音现象普通话与方言各有其特点。语调自然就是按照日常口语的语音、语调来说话，不要带着朗诵或背诵的腔调，不带出方言语调。言语流畅主要指语速适中，停连适当。

三、朗读的要求

成功的朗读应当符合两个基本要求：深入理解作品和准确表达作品。

（一）深入理解作品

深入理解作品是准确表达作品的前提。在充分理解作品的前提下，朗读者才能将作者诉诸笔端的东西化为自己的真情实感，发自内心地表达出来。深入理解作品要做到：

1. 了解作品背景

作者的创作冲动与当时的时代背景、社会背景、自然背景以及作者的自身经历等密切相关。朗读者应尽可能充分地了解作品的形成背景，从而把握作者的创作意图，把握住作者的情感源泉，这样朗读时才能表达出作品的独特风貌，语音、语调、朗读技巧的处理才能做到真实自然。

2. 把握作品主题

主题是作品的灵魂，就像一首乐曲的主旋律一样，是整个作品的精神核心。要深入理解作品，至关重要的是把握作品的主题。找准了主题，就等于掌握了作品的脉搏，这样，朗读就能找准着眼点，对作品的处理才不会出现偏差。有的作品主题突出，易于把握；也有的作品主题不甚显露，因而需要朗读者反复阅读，准确领会。

3. 熟悉作品结构

作品的形成要以结构作依据。结构犹如作品的骨骼，把所有内容串联起来，成为一个完整的体系，而作品的思想和情感就是在此基础上得以丰满而富有活力。要掌握作品结构，首先应反复阅读作品，熟悉作品的基本内容，进而要厘清作品脉络，大到诸如作品由几部分组成、各部分在全篇中的地位和作用如何、各部分之间是如何组织和过渡的，小到逐段、逐句甚至逐词、逐字进行深入细致的分析，了解它们彼此之间的逻辑关系，把握其中所包含的作者对社会生活的体验和感受，使作品中每一个情节、事件、人物、场景，每一种思想、观点、经验、情感，都在朗读者脑海中活起来，形成一幅幅具体而清晰的图像。只有这样，对作品的表达才能做到脉络清楚、层次分明。

4. 找准作品基调

基调是指作品的基本情调，也就是作品感情色彩的一种综合体现。

基调是作品固有的组成部分，它存在于作品的字里行间，使作品整体上显现出或严厉或平实，或生动活泼或委婉含蓄的情感特色。朗读者应在深刻领会作品思想内容的前提下，尽可能全面地接受作者通过作品传递出的所有情感信息，从而准确把握作品基调，并在理解感受和表达的统一中，在情和声的统一中，使作品基调得到完美体现。

（二）准确表达作品

1. 声音洪亮，吐字清晰

朗读是靠声音来再现文字作品的，因此首先应做到声音饱满响亮，以声传情，声情并茂，这样朗读才能具有感染力。有气无力或自言自语式的朗读无法打动人，只能使人生厌，使人昏昏欲睡。其次，朗读应做到吐字清晰，要把每一个音发完整、发充分，使每个字都清晰地传入听者耳中，使听者听起来丝毫不感到费力，这样才能清楚地再现作品的思想感情。

要做到声音洪亮、吐字清晰，除了有意识地提高音量外，还需要适当地掌握一些发音技巧。

2. 语音标准

语音标准是指要用标准的普通话来朗读。

（1）要注意纠正方言字音和语调，尽量使用纯正的普通话。

（2）注意文中轻声、儿化、变调等语音的变化现象，把握字音在语流中的变化，把这种变化读准、读自然。

（3）要注意多音多义字的读音，分清多音字在什么情况下读什么音，不要出现错音。例如：“处”，作为名词性语素组词时读“chù”，如“到处”“处长”等，作为动词性语素组词时读“chǔ”，如“处理”“相处”等。这类字出现频率很高，需要平时用心辨析、掌握。

（4）注意异读字以及习惯性读音错误。例如：“较”读 jiào，“亚”读 yà，“蓓”读 bèi 而不是 péi。

（5）不读半边字。例如：“酗酒”的“酗”读 xù 而不读 xiōng，“发酵”的“酵”读 jiào 而不读 xiào，“畸形”的“畸”读 jī 而不读 qí。

3. 语句流畅

朗读要求把语句读的明白流畅，干净利落，条理清晰。

（1）不破坏句意的完整性。每句话都有较为完整的语意，朗读时语气要贯通，语意要表达完整、明了。如果读起来结结巴巴，停顿不当，或者读破句、读重字，颠来倒去，势必影响语意的表达。

（2）严格按照文字材料朗读，既不能影响语意表达，也不能随意添字、掉字、换字或颠倒顺序。朗读不像说话那样具有较强的主观性，既然有文字材料作依据，就应当尊重作者的语言成果，把作品一字不差地读出来。

要做到语句流畅，必须熟悉作品，反复诵读，使作品的语言和内容烂熟于心。此外，朗读者平时应多进行朗读练习，如进行快速朗读、读一些绕口令等，这样可以使思维敏捷、口齿伶俐，能迅速提高扫读能力。有些人拿到一篇从未接触的文章也能在没有充足准备时间的情况下非常流畅地读出来，这就是平时有意识地多读多练而练就的硬功夫。

4. 语调和谐

语调和谐是指朗读时能恰当运用各种朗读技巧，停顿有节、轻重适度、节奏鲜明、抑扬顿挫地传情达意。语调和谐是成功朗读必不可少的重要因素。同样一个作品，语调把握得当，会读得有声有色、真切感人，而不善于运用语调，则只能单调呆板、毫无生机。因此朗读者应掌握和运用各种朗读技巧，以便于准确表达作品，增强声音的感染力。

第二节　朗读的语调技巧

在普通话朗读时，除了每个音节原有的声调以外，整个句子里还有抑扬顿挫的调子。处理语句时，有的地方要有一个停顿，有的词要读得重一些，有的句子音高逐渐上扬，有的句子、段落语速要快一些，等等。这些现象跟句子的意思和朗读者的感情有密切的关系。语句中这种用来表达意思和感情的抑扬顿挫的调子，就叫语调。

语调是语气的外在表现形式。语调不同于字调，字调指单个字的调子，其功用在于区别词义或语素义。语调贯穿于语句乃至篇章的始终，是由朗读时语气的色彩和分量决定的。朗读时语气的变化多端，决定了语调的丰富多彩。

语调的内容比较复杂，一般来说，它主要包括停顿、重音、句调、语速四个要素。

一、停顿

停顿是措辞或语句之间声音上的间歇。从生理上说，停顿是被动的。一个人不可能一口气念完一个很长的句子，更不可能一口气读完一个段落，朗读者在朗读的过程中要调节气息，要使声带、唇舌等发音器官稍作休息。从心理上说，停顿是主动的。停顿是为了更好地表现作品内容、结构和作者的思想感情，由朗读者主观设定。适当的停顿还可以给听者以理解、思考、回味作品内容的机会。在朗读时，停顿只是声音的暂时休止，并非思想感情运动的中断。

朗读时的停顿，可分为语法停顿和强调停顿。

（一）语法停顿

语法停顿是句子中一般的间歇，停顿的依据是标点符号。通过语法停顿可以反映句子之间、句子之中的语法关系。

停顿时间的长短一般是：顿号<逗号<分号（冒号）<句号（问号、叹号）。例如：

天空变成了浅蓝色，/很浅很浅的；/转眼间天边出现了一道红霞，/慢慢儿扩大了它的范围，/加强了它的光亮，/我知道太阳要从那天际升起来了，/便目不转睛地望着那里。（说明：符号“/”表示停顿。）

此语句逗号后短时间停顿，而句号后稍长时间停顿，语法关系反映得很清晰。

在没有标点的地方常常也有一些表示语法关系的停顿：较长的主语和谓语之间，动词和较长的宾语之间，较长的附加成分和中心语之间，较长的联合成分之间。例如：

花生的价钱/便宜，谁/都可以买来吃，都喜欢吃。

我多么喜爱/仰望北京城里蓊郁和葱茏的树木。

在千门万户的世界里的我/能做些什么呢？

那时，我对自己/遗憾得要命，对丽娜/羡慕得要命。

（二）强调停顿

强调停顿是句子中特殊的停顿，是为了强调某个事物或突出某个语意、某种感情所用的停顿。这种停顿是由朗读者的意图和感情决定的，所以没有明确的规律。它可以与语法停顿一致，也可以在语法停顿的基础上改变停顿时间的长短，还可以跟语法停顿不一致。例如：

记得/一位伟人说过：母亲是女儿心中的/太阳。

马路旁的人行道比马路要整整高出/一个台阶，而他/简直还没满/一周岁。

第一句话在“记得”和“心中的”后面停顿，可以强调“记得”的事情，以及母亲在女儿心中的位置。

第二句话突出强调的是“一个台阶”和“他”、“一周岁”，使两者形成一种反差对比。

二、重音

朗读时，对句子中某些词或词组从音量上加以突出的现象就是重音。重音能使听者准确地把握句子词语的主次关系，领会全句的意思；同时，还可以使听者对一些色彩鲜明、形象生动的词语产生深刻的印象。朗读者能否恰当地运用重音，关系到能否准确、生动地表现作品。

重音一般分为语法重音和强调重音。

（一）语法重音

语法重音是根据句子的语法结构确定的重音。它不带特别强调的色彩，音量只是稍稍加重，重音位置也比较固定。例如：

一般语句中的谓语：仪山禅师洗澡。

句中的宾语：乔治·华盛顿是个伟人。

名词前的定语：家乡的桥是我梦中的桥。

动词或形容词前面的状语：我特地起个大早。

（说明：符号“.”表示重音。）

（二）强调重音

强调重音是为了有意突出语意重点，表达特殊思想感情而把句子里的某些词语、短语说得较重的语音现象，也称为逻辑重音。强调重音在句子中的出现是没有规律的，完全由朗读者根据自己的意图和感情来确定。强调重音落在不同的词语上，表达的语意也随之发生变化。例如：

我非常喜欢罗大佑的歌。（表示不是喜欢他的其他东西）

我非常喜欢罗大佑的歌。（突出喜欢的对象）

我非常喜欢罗大佑的歌。（表明喜欢的程度）

我非常喜欢罗大佑的歌。（突出强调喜欢的主体对象）

强调重音不一定每句话都有，表示并列、对比、呼应、比喻等内容的词语往往采用重音。表达重音最常用的方式除了加强音量外，还可以采用轻读、慢读、顿读、虚声、拖音等方式。例如：

在这幽美的夜色中，我踏着软绵绵的沙滩，沿着海边，慢慢地向前走去。海水，轻轻地抚摸着细软的沙滩，发出温柔的唰唰声。比起在大平原上、浩瀚的海边，或峰峦的顶巅观望日出，心中竟有着完全不同的感受，那儿是寂寞的、孤独的、忧郁的，这儿却是热闹的、昂扬的、欢快的。

湛蓝的天空，像一池倒映的湖水；清新的空气，似醇酒的芳香，令人心旷神怡。

三、句调

句调是指语句声音的高低变化。句调是贯穿整个句子的，只是在句末音节（指句尾最后一个非轻声音节）上表现得特别明显。升降最能表达朗读者的态度情感，同一句话，升降不同，所表达的态度、情感甚至意义都有所不同。

句调大致可以分为下述四种类型。

（一）升调

升调是指语句前低后高，语气上扬。一般用于表现感情激昂的语句和设问、反问句。例如：

小姐，您是哪国人？喜欢北京吗？

你以为这是什么车？旅游车？

（二）降调

降调是指前高后低，语气渐低。一般用于表现肯定、许可、感叹、祝愿等语气的句子。例如：

假若你一直和时间比赛，你就可以成功。

可真是一方水土养一方人啊。

（三）平调

平调是指语气平缓，起伏不大。一般用于叙述性的语句以及表达平淡或庄重的感情。例如：

这块石头有个动人的故事。它原本是弃置在一位美国人住所的院子里。

读小学的时候，我的外祖母去世了。

（四）曲调

曲调是指语调曲折有变化，有时先升后降，有时先降再升。一般用于表现惊疑、夸张、嘲讽等语气。例如：

你问我？难道你看不出我是这里的下士吗？

可怜的虫子！这样盲目地爬行，什么时候才能爬到墙头呢？

四、语速

语速就是节奏、速度，是指朗读时每个音节的长短和音节之间的紧松。朗读的快慢，是由作品本身所传达出的感情强度决定的。一般来说，表达紧张、热烈、欢快、激动、愤怒、惊慌的情绪时，朗读的语速要快一些；表达沉痛、庄重、失望、犹豫的情绪或表现幽静、凄凉的环境时，朗读的语速要慢一些。语速的具体形式有三种，即快速、中速、慢速。例如：

（中速）望着雪片纷飞中母女俩紧紧相偎的身影，我的脑海里立刻映出了十年前似曾相识的一幕：那时，我也曾十分乖巧地为妈妈拍雪、扶妈妈走路。（稍快）可十年后同样的雪天，我却只顾自己的兴致把妈妈的关心搁在一边。（慢速）也许妈妈并未留意我的话，但十七岁的我应该理解父母的苦心，因为在他们的眼里我永远是个长不大的孩子。

朗读时的快慢是相对而言的。我们在练习时把握要得当，尽可能做到快而不乱，吐字清晰；慢而不拖，不松懈沉闷。如果快慢有致、长短适度，那么就能更好地表情达意。

训练材料

读下面的文章和诗，注意停顿、重音、句调和语速

中国人

在我记忆中，“中国”这个词在西周就出现了，内涵却一直在变化。秦汉以后，历朝都不以“中国”为国名，但大体上又都以“中国”通称。由于民族众多，战乱频仍，经常出现对峙双方都把自己说成“中国”，把对方说成夷狄的情形，如南北朝和宋金时期都是如此。

这还只是在内部进行着名号上的争夺和调整，真正严格意义上的“中国”概念，只能在国际关系中确定。如果说，一个朝代一个朝代的排列体现了时间上的纵向关系；那么，一个国家一个国家的排列则体现了国际间的横向关系。中国古代，纵向关系远远强于横向关系，因此很难有明晰的、整体意义上的“中国”概念。直到清代，边界吃重，外交突现，“中国”才以一个主权国家的专称出现在外交文书上。

同样的道理，“中国人”这一概念在整体上的明晰化，也应该是在与不同属类的人的较大规模地遭遇之后。使之明晰化的光亮，可能来自于外国人看中国人的目光，也可能来自于中国人在了解外国人之后所作的比较和反思。据我披阅所及，明清时期欧洲来华的几批耶稣会传教士的书简，一七九三年英国马戛尔尼访华使团的记录，是较早由西方人士探视中国人的书面材料，后来值得注意的便是一些西方人类学家研究中国人体质形貌特征的科学论文了。

节选自余秋雨《霜冷长河》

致橡树

舒婷

我如果爱你——
绝不像攀援的凌霄花，
借你的高枝炫耀自己；
我如果爱你——
绝不学痴情的鸟儿，
为绿荫重复单调的歌曲；
也不止像泉源
常年送来清凉的慰藉；
也不止像险峰

增加你的高度，衬托你的威仪。
甚至日光，
甚至春雨。
不，这些都还不够！
我必须是你近旁的一株木棉，
作为树的形象和你站在一起。
根，紧握在地下；
叶，相触在云里。
每一阵风过，
我们都互相致意，
但没有人
听懂我们的言语。
你有你的铜枝铁干，
像刀、像剑，
也像戟；
我有我红硕的花朵，
像沉重的叹息，
又像英勇的火炬。
我们分担寒潮、风雷、霹雳；
我们共享雾霭、流岚、虹霓。
仿佛永远分离，
却又终身相依。
这才是伟大的爱情，
坚贞就在这里：
爱——
不仅爱你伟岸的身躯，
也爱你坚持的位置，
足下的土地。

祖国啊，我亲爱的祖国

舒婷

我是你河边上破旧的老水车，
数百年来纺着疲惫的歌；
我是你额上熏黑的矿灯，
照你在历史的隧洞里蜗行摸索；

我是干瘪的稻穗，是失修的路基；
是淤滩上的驳船
把纤绳深深
勒进你的肩膀；
——祖国啊！

我是贫困，
我是悲哀。
我是你祖祖辈辈
痛苦的希望啊，
是“飞天”袖间
千百年未落到地面的花朵；
——祖国啊！

我是你簇新的理想，
刚从神话的蛛网里挣脱；
我是你雪被下古莲的胚芽；
我是你挂着眼泪的笑涡；
我是新刷出的雪白的起跑线；
是绯红的黎明，
正在喷薄；
——祖国啊！

我是你的十亿分之一，
是你九百六十万平方的总和；
你以伤痕累累的乳房
喂养了
迷惘的我、深思的我、沸腾的我；
那就从我的血肉之躯上
去取得
你的富饶、你的荣光、你的自由；
——祖国啊，
我亲爱的祖国！

第三节　朗读的发声技巧

朗读时除了要运用好停顿、重音、句调、语速等基本技巧以外，还常常用到一些特殊的发声技巧，以增强表现力。朗读中常用的发声技巧有以下几种。

一、 气息控制

气是声之源，气足声音才能洪亮、持久。因此，朗读首先要学会控制气息，掌握好呼吸与换气的技巧。

（一）呼吸

呼吸方式主要有胸式呼吸法、腹式呼吸法、胸腹联合呼吸法几种。前二者气息量较小，主要用于日常口语。胸腹联合呼吸法是对胸式呼吸法和腹式呼吸法有控制的联合运用，它的吸气量大，呼吸稳健，底气充足，是朗读时理想的呼吸方法。

胸腹联合呼吸法的要领：

吸气：吸气前两肩放松，胸稍内含，腰杆挺直。吸气时，由鼻腔均匀舒缓地吸入气流，吸入要深，感觉气流一直沉到肺的底部；同时胸部放松，两肋上提，向外打开，感觉腹腔容积扩张，腰带渐紧；吸气达七八成满时，小腹逐渐收缩，控制住气流，腹部保持不凸不凹的状态。

呼气：呼气时，先要保持住吸气终止时托住气流状态，不至于气流很快泄掉。然后两肋慢慢还原，小腹逐渐放松，使气流犹如一条长线，在适当的控制中均匀、平稳地呼出。

（二）换气

朗读时适时地补充气息，是人的生理需要，也是表情达意的需要。换气有两种方法：一是在朗读允许有停顿的地方，从容不迫地吸足一口气，为下面的表达准备好足够的气息，这叫大气口，比较容易掌握；二是当一句较长的话还没说完时已感觉气息不足，但又没有足够的停顿可以换气，就需要不露痕迹地补一点气，这叫小气口，又叫偷气，难度较大。小气口的要领是动作要快，小腹一吸，两肋一张，口鼻吸气，迅速补足，同时还要做到自然轻松，字断气连，巧妙无痕。这一换气方法需要反复练习方能运用自如。

不论是大气口还是小气口，运气时都要注意找准换气点，保持语意的完整和表达的顺畅。

二、 共鸣

共鸣，从语音角度来讲，是指人的发音器官因共振而发声的现象。人的主要发音体是声带。实验证明，发音时声带振动而产生的音量，只占总体音量的5%，其余95%的音量是由共鸣器放大而来的。因此，了解共鸣位置，掌握共鸣方法是非常必要的，适当的共鸣，可以使声音饱满、圆润，音色优美。

人体发音器官能起共鸣作用的有口腔、鼻腔、头腔、咽腔、喉腔、胸腔等。其中最主要的是口腔、鼻腔和胸腔。朗读时以口腔共鸣为主，辅之以鼻腔和胸腔共鸣，三种共鸣相辅相成，浑然一体，即所谓的“三腔共鸣”。

（一）口腔

口腔共鸣的特点是使声音丰满、圆润、富有弹性。发音时，口腔自然打开，开口度比平时说话时略大，上颚用力上抬，下颚放松，稍向后下方移，上下槽牙呈U形，整个口腔呈微笑状，保持一定的张力。这样，声带发出的声音随气流的推动流畅向前，在口腔的前上部引起振动，产生共鸣。

（二）鼻腔

鼻腔共鸣的特点是使声音洪亮、高远、有震荡感。发音时，软腭放松、下降，打开口腔与鼻腔的通道，使声音向上进入鼻腔，引起鼻腔振动，产生共鸣。鼻腔共鸣宜饱满适度，若气流过多地由鼻腔流出而出现鼻音过重现象，会影响音色的纯正、优美。

（三）胸腔

胸腔共鸣的特点是使声音结实、浑厚、音量强劲。发音时，要先蓄满一口气，喉头下沉，振动声带，声音反着气流的方向通过骨骼和肌肉组织壁传到肺腔，这时胸部明显感到振动，从而产生共鸣。若胸腔共鸣用得好，则声音不虚不飘，底气十足。

朗读时三腔应做到主次分明、相互配合、协调统一，方能使声音悦耳动听。

三、吐字归音

吐字归音是中国传统的说唱艺术中关于字音的发音方法，它也同样适用于朗读中的发音训练。掌握了吐字归音的方法，可以使字音读得清晰、饱满，做到字正腔圆、力能达远。

吐字归音把一个字分为字头、字腹和字尾三部分，发字头的过程即“吐字”，发字腹和字尾的过程即“归音”。

（一）吐字

即发字头的技巧。字头是字音的开始阶段，指一个字的声母和介音。吐字讲究叼住弹出，发音时调整好口型，找准发音位置，蓄足气流，利落有力地将字头弹发出去。吐字到位，才能有足够的力量带起字腹和字尾的响亮度，使字音立得住、传得远。

（二）归音

即发字腹和字尾的技巧。字腹指韵母的主要元音部分，是字音中最为响亮且所占时值最长的部分。一个字能否读得纯正、到位，字腹的发音至关重要。字腹讲究拉开立起，即在字头弹出后，口腔随字腹的到来适当增大开度，扩大容积，求得最大程度的共鸣，这样声音才能响亮、饱满。因此这一过程的关键是掌握好开口度的大小。字尾指字音收尾的部分，讲究到位弱收，既不能草草收尾甚至丢掉韵尾，也不能拖泥带水或喧宾夺主，应当收得恰到好处、干净利落，力求使字音既完整又自然。

训练材料

一、气息控制

（1）呼吸综合练习。要求一口气讲完下面的绕口令，气息要平稳、均匀，不断不虚，吐字要清晰、流畅。练习时可先短后长，逐步增加枣的数量，最终数到“十个枣儿”。

出东门，过大桥，大桥底下一树枣儿，拿着杆子去打枣儿，红的多，绿的少。一个枣儿，两个枣儿，三个枣儿，四个枣儿，五个枣儿，六个枣儿，七个枣儿，八个枣儿，九个枣儿，十个枣儿；十个枣儿，九个枣儿，八个枣儿，七个枣儿，六个枣儿，五个枣儿，四个枣儿，两个枣儿，一个枣儿。

（2）补气练习。要求吸足一口气读下面的话，语速应不急不缓，在感到气息不足时边读边补进少量气息，尽量做到不露痕迹。

雪野中有血红的宝珠山茶，白中隐青的单瓣梅花，深黄的磬口的蜡梅花；雪下面还有冷绿的杂草。

哥白尼推翻了亚里士多德以来从未动摇过的地球是宇宙的中心、日月星辰都绕地球转动的学说，从而在实质上粉碎了上帝创造人类、又为人类创造万物的那种荒谬的宇宙观。

二、共鸣

综合运用“三腔共鸣”朗读下面的诗，注意放慢语速，适当夸张，以寻求最佳共鸣效果。

月落乌啼霜满天，
江枫渔火对愁眠。
姑苏城外寒山寺，
夜半钟声到客船。

三、吐字归音

（1）读下面的绕口令，注意出字的灵活和力度。

八百标兵奔北坡，炮兵并排北坡跑，炮兵怕把标兵碰，标兵怕碰炮兵炮。

（2）读下面的绕口令，注意字尾“n”和“ng”的收音。

板凳宽，扁担长；扁担没有板凳宽，板凳没有扁担长。扁担绑在板凳上，板凳不让扁担绑在板凳上，扁担偏要绑在板凳上。

（3）读下列按声母顺序排列的四字成语，要求字头叼住弹出，快速有力；字腹拉开立起，饱满响亮；字尾到位弱收，干净利落。

班门弄斧　排山倒海　干净利落　风卷残云　独具匠心　突飞猛进　赞不绝口

鸟语花香　龙飞凤舞　瓜熟蒂落　口若悬河　烘云托月　价值连城　沧海桑田

气壮山河　心旷神怡　中流砥柱　乘风破浪　生龙活虎　人才辈出　所向无敌

（苗方　李璐良）

第六章　命题说话指导

说话是人们运用发音器官传递信息、表情达意的一种综合性言语活动。命题说话是普通话水平测试最后一项内容，和朗读相比，命题说话属于应试人使用普通话主动表达的过程。命题说话是一项重要的测试内容，依据《普通话水平测试大纲》要求，其目的是“考查应试人在没有文字凭借的情况下，说普通话的能力和所能达到的规范程度”，分值占 40%。

命题说话不同于口头作文，也不是即兴演讲，而是应试人围绕着特定的说话目的组织材料，即席性的随想随说的语言表达方式。测试中，应试人根据抽签确定的话题稍做准备后，就该话题自由表达 3～4 分钟，如没有达到 3 分钟，按缺时扣分。命题说话主要考查应试人语音标准程度、词汇语法规范程度和语言自然流畅程度。

第一节　命题说话简介

一、 命题说话话题分析

国家普通话培训测试中心制定了 30 个普通话水平测试所用话题，命题说话测试时所用话题从中选定。话题仅是对话题范围的规定，并不规定话题的具体内容。

1 号我的愿望（或理想）
2 号我的学习生活
3 号我尊敬的人
4 号我喜欢的动物（或植物）
5 号童年的记忆
6 号我喜爱的职业
7 号难忘的旅行
8 号我的朋友
9 号我喜爱的文学（或其他艺术形式）
10 号谈谈卫生与健康
11 号我的业余生活
12 号我喜爱的季节（或天气）
13 号学习普通话的体会
14 号谈谈服饰
15 号我的假日生活
16 号我的成长之路
17 号谈谈科技发展与社会生活
18 号我知道的风俗
19 号我和体育
20 号我的家乡（或熟悉的地方）
21 号谈谈美食
22 号我喜欢的节日
23 号我所在的集体（学校、机关、公司等）
24 号谈谈社会公德（或职业道德）
25 号谈谈个人修养
26 号我喜欢的明星（或其他知名人士）
27 号我喜爱的书刊
28 号谈谈对环境保护的认识
29 号我向往的地方
30 号购物（消费）的感受

命题说话，应围绕着自己选择的题目来谋篇布局。审题是否准确，选材是否得当，结构是否完整，都直接影响着表达效果。命题说话常见的类型可以分为叙述型、议论型、说明型三种，原则上讲普通话水平测试的 30 个题目都可以使用不同类型来讲，应试人可以根据自己的说话习惯，选择一种自己比较擅长的类型来说。

（一）叙述型

叙述型说话就是通过讲述人物、事件，描写环境，反映社会生活。

在讲述人物时，要选取发生在该人物身上的最突出、最感人的事情来讲，可以抓住人物的外貌、语言、动作、性格等方面的特征进行讲述。

在测试用话题中比较适合讲述人物的话题有：

3 号我尊敬的人	8 号我的朋友
26 号我最喜欢的明星（或其他知名人士）	

在讲述事件时，要选取生动具体、结构完整、自己熟记并能够给人留下深刻印象的一些事件或事物，从事件发生的时间、地点、原因，事件的发生、发展、结局等方面来讲，把相关内容说清楚。

在测试用话题中比较适合讲述事件的话题有：

2 号我的学习生活	5 号童年的记忆
7 号难忘的旅行	11 号我的业余生活
15 号我的假日生活	16 号我的成长之路
19 号我和体育	20 号我的家乡（或熟悉的地方）
23 号我所在的集体（学校、机关、公司等）	29 号我向往的地方

叙述型说话要注意叙述完整、清楚、详细，还要运用描写的表达方式，对人物、景物、自然环境和社会环境等展开描述，切忌干巴巴地、粗略地、轻描淡写地一带而过。

（二）议论型

议论型说话是对社会生活中的人或事进行分析评论、发表意见、阐明是非的说话。议论型说话应该具备三个要素，即论点、论据、论证。论点就是作者对议论的对象所持的见解和主张。论据就是用来证明论点的事实和道理，包括事例、数据、科学原理、定律公式、警句格言等。论证就是组织、分析论据，并使之与论点联系起来的过程与方法，常用的论证方法有例证法、引证法、喻证法、对比法、类比法、归谬法等。

在测试用话题中比较适合于议论型说话的话题有：

10 号谈谈卫生与健康	13 号学习普通话的体会
17 号谈谈科技发展与社会生活	24 号谈谈社会公德（或职业道德）
25 号谈谈个人修养	28 号谈谈对环境保护的认识
30 号购物（消费）的感受	

（三）说明型

说明型说话就是解说事物、阐明事理，使人得到关于事物和事理的知识的说话。说明型说话按说明对象可以分为两大类：一类是说明具体事物的，就是抓住事物的特征，将其形状、性质、构造、用途等解说清楚；另一类是说明抽象事理的，就是说清楚事物的原理、关系、变化、功能等，揭示事物的内在联系。说明型说话无论是说明事物还是阐明事理，都应该采用一定的说明方法，如分类、举例、比较、列数字、打比方等，便于将事物或事理说清楚。

在测试用话题中比较适合说明型说话的话题有：

1 号我的愿望（或理想）	4 号我喜爱的动物（或植物）
6 号我喜爱的职业	9 号我喜爱的文学（或其他艺术形式）
12 号我喜爱的季节（或天气）	14 号谈谈服饰
18 号我知道的风俗	21 号谈谈美食
22 号我喜欢的节日	27 号我喜爱的书刊

二、说话的类型

普通话水平测试中的说话，从不同的角度可划分为不同的类型。

从语音面貌上看，有语音标准的、有方音但不明显的、方音比较明显的、方音明显的几种。

从词汇、语法规范程度看，有合乎规范的、偶有不合规范的、屡有不合规范的几种。

从言语自然流畅程度看，有自然流畅的、比较流畅的、不够流畅的几种。

从说话内容看，有言之有物的说话、空洞无物的说话、文不对题的说话等。言之无物的说话与思维机制、心理素质、表达能力有关。文不对题的说话有两种情况：一种是应试人故意所为，即无论什么话题都引向自己曾经准备过的材料上去；另一种是应试人思维能力、言语组织能力确实比较差。

从说话的方式上看，一般常见的有以下几种：

（1）有提纲的说话。应试人为使说话思路清晰，准备时草拟提纲，然后按提纲去说。这样的说话一般条理清楚，言之有物。

（2）夹杂动作的说话。应试人说话时比较放得开，像与人聊天似的，侃侃而谈，眉飞色舞，时而辅以动作。一般都能说较长的时间，只是受时间限制而不得不停止。

(3) 基本不准备的说话。应试人拿到的话题是自己熟悉的，有烂熟于心的材料，有急于告诉人的欲望，一般不需做什么准备，张口就说。

(4) 准备不充分的说话。应试人拿到话题总想写稿，可现场和时间都不允许。或者应试人拿到话题许久不知说什么好。所以说话时总觉得没准备好，无话可说，一般都说不满规定时间。

(5) 类似背稿子的说话。应试人事先写好稿子，应试时基本上是背稿子。这种说话，口语的特点较少，书面语的味道较足。

第二节 命题说话的应试技巧

一、说话的准备

普通话水平测试的命题说话属于有准备的说话，准备的充分与否，与测试成绩有很大关系。准备分为两种：一种是平时准备，即在受测前较宽裕的一段时间内认真准备；另一种是受测时的临时准备，即在受测前 10 分钟内作粗略准备。

不管是哪种准备，首先要用普通话思维。因为如果用方言准备，从方言思维到普通话口语表达，有一个把方言的语言成分转化成普通话语言成分的过程，这个过程不容易在一瞬间完成。而说话通常是现想现说，没有时间细细思量。用翻译法说话速度慢，效果也不好，而且往往说不了标准的普通话。如果用普通话思维，就可以不经过转换过程，直接用普通话表达，普通话也就会自然流畅。

其次，不要写稿子。即使有较为宽裕的准备时间，也不要事先写好稿子，至多准备一个较具体的提纲就可以了。因为写出来的东西往往会进行修改，殊不知，就是在修改中改掉了口语表达的特点。背稿子似的说话缺乏说话应有的随意性和生动性。

最后，厘清思路，选好材料。所谓理清思路是确定大致说什么内容、怎么说。材料要选用熟悉的，它能帮助你自然流畅地表达，避免无话可说的尴尬。

二、说话的表达

（一）语音要标准

语音标准，是指说话时必须使用普通话语音，而且要尽量发准、发纯正，避免方言字音和方言语调的出现。由于说话没有文字依托，又有随意性的特点，更易受方言因素影响，因而语音面貌是命题说话考查的重点。测试中说话者在语言表达的同时，不应忽略自己的语音面貌。平时练习时，要努力发准每个音节的声、韵、调，彻底纠正方音，难点音要多练习。如果语音不是很好，语速就不要太快，太快容易导致发音时口腔打不开，复元音的韵母动程不够和归音不准等问题出现。平时练习时，最好请说普通话的行家来听听。因为我们受说话习惯的影响以及听感上盲点的制约，往往不容易发现自己的语音错误和缺陷。

（二）词汇语法要规范

普通话以北方话作为基础方言。虽然应试者都有一定的文化程度，接受过较长时间的普通话书面语教育，能使用规范的普通话词汇、语法。但也有人对测试氛围不适应，或平时说惯了方言，仓促之下急不择词，偶尔带出方言词语或方言句式的现象也是有的。我们在说话中要注意克服方言影响，不使用方言词汇和语法，尤其是最容易保留方言色彩的语气词。

（三）语言要自然流畅

语言的自然是指按照口语的语音、语调来说话，即口语化。这个口语化与朗读不一样。朗读的口语是经过加工提炼的口语，具有艺术的真实，而说话的口语是实实在在的口语表达。此外，还要注意正式场合与非正式场合说话的不同语体。有些人在非正式场合的语体，会不同程度地带有方言色彩，正式场合的语体会好些。测试属正式场合，要解决好随意性与规范性的问题。

说话口语化主要体现在用词、句式、语气等方面。用词要多用口语词，少用书面语词和文言词。例如："祖父、吝啬、函、恐吓、畏惧、邂逅"等词应说成"爷爷、小气、信、吓唬、害怕、偶然相遇"。

选句方面要多用口语句式，如短句、散句、非主谓句、省略句、独词句等；少用长句、整句、多重复句、欧化句等书面语句式。必要时，可以把长句化短、整句化散，使用追加和插说的方法，少用或干脆不用关联词语。

长句化短、整句化散有很多方法，下面主要介绍三种方法：

（1）把长句的附加成分抽出来，变为复句的分句，或者单独成句。例如：

他们都是怀有远大理想而又德才兼备、志愿到祖国最需要的地方去、把青春献给伟大祖国的应届毕业生。

变换成：他们都是应届毕业生，怀有远大的理想，德才兼备，志愿到祖国最需要的地方去，把青春献给伟大的祖国。

（2）把并列成分拆开，重复跟并列短语直接相配的成分，形成叠用句式。例如：图腾文化是人类最古老、最奇特的文化现象之一。

变换成：图腾文化是人类最古老的一种文化现象，也是最奇特的一种文化现象。

（3）把长定语拆开后移。例如：

闯进来一个眼露凶光、满脸横肉、一身黑衣的彪形大汉。

变换成：闯进来一个彪形大汉，眼露凶光，满脸横肉，一身黑衣。

说话流畅主要是指话语连贯，语速适中，不中断，不结巴，不重复、啰唆。说话的语速可以比朗读稍快些。正常语速大约一分钟 240 个音节，一分钟 150～300 个音节均视为正常。如果根据内容、情景、语气的要求，偶尔十几个音节稍快、稍慢也应视为正常。语速过慢，说说停停，或边说边纠正发音错误，边说边回忆“下面是什么”，突然陷入无话可说的窘境，是说话不流畅的表现。测试时千万不要让话语中断，应该滔滔不绝，侃侃而谈。遇到接不上话的情况，要随机应变，及时调整话语，不要拘泥于准备好的腹稿，也不要总去想够时间没有，要形成时间已到而话犹不止的局面，不能出现时间未到话已说完的现象。

重复过多、啰唆，也会影响说话的流畅。常见的重复、啰唆有以下几种表现：

（1）思维出现障碍时的填空。用重复刚刚说过的话或“嗯”“啊”“这个”“那个”“后来”“基本上”“反正”“好不好”等毫无表达作用的口头词语来填补一时接不上的话语。

（2）想跟不上说而引起的反复。一句话不是想好再说，而是边想边说，发现不合适就推倒重来，甚至一而再，再而三地另外起头。

（3）同样的内容反复、颠倒地说。

应该承认，在没有讲稿的情况下，临时要说一段连贯的话，条理不太清楚，结构不太严密，话语有些冗余成分，是正常的。但重复太多，过多使用毫无意义的口头禅，是不可取的。

语气方面，停顿、重音、语调、语速等应呈日常口语时的自然状态，随意、生动。太夸张会显得做作，太平板会显得没有生气。

三、 说话的心态

说话时既要语音准确、词汇语法规范、言语流畅，又要言之有物，没有良好的心态是难以正常发挥的。所以命题说话这一项测试，不仅是对应试人普通话水平的整体考查，同时也是对应试人心理素质的考验。进入考场，一定要调整好心态，就像运动员进入赛场、演员走上舞台一样，既要保持一点兴奋度，又不要太紧张，要相信自己经过充分准备之后，一定能考出好成绩。如果在测试中突然“卡壳”，也不要慌张，要随机应变，从容不迫，放开来说，善始善终。

总之，命题说话重在语言形式的考查，又与内容有一定关系。它与一个人的普通话水平、心理素质、社会经历、文化层次等方面都有关系，是一个人内在素质的整体表现。

第三节　命题说话实例与评析

实例一

我喜爱的职业

人们都说教师是人类灵魂的工程师，教师是太阳底下最光辉的职业。在还没有实际从事教师这个职业的时候，我也曾经这么想过。我也曾经认为教师这个职业呢，是非常神圣和神秘的。但是1994年我从北京师范大学毕业之后，分配到××××学校担任教师这个职业之后，整个这个教师的评价呢，在我的心目中就没有原来那么神秘而又神圣了。我认为教师就是教师，这是最普通不过的一种职业。因为，作为一名教师，他要一辈子默默无闻地传业、授道、解惑，为社会培养、输送多种人才。自己的学生有了出息，出了名，而教师自己呢，却没有因为这个而声名鹊起，仍然很沉默很安静地坚守着自己的岗位，做着再普通不过的教学教育工作。但是，话又说回来，教师在整个社会发展的推动方面呢，是起着非常重要的作用的。因为，没有了教师，那么，几千年人类积累下来的一些文化知识就没有办法传授下去了。没有了教师，整个社会、整个人民的这个素质呢，就没有办法得到进一步的提高。也就是说，教师这个职业呢，是跟整个国民素质是紧密相连的，是密切地挂钩的。所以说，教师这个职业呢，虽然很普通，但是也很重要。它所起的作用呢，是其他任何职业都不可能办到的和不可能有的。除此以外，我还认为教师职业呢，是一种经常让人产生新鲜感的职业。因为，他所面对的对象，他所经常接触到的这个人呢，是经常变动的。

〔评析〕

这是一段议论型说话。从内容看，说话者对这个话题有较深的感受。说话者先从教师职业在自己心目中的地位谈起，认为教师是一种最普通不过的职业；接着又从社会角度谈了教师职业的重要性。可谓侃侃而谈，滔滔不绝，观点鲜明，材料信手拈来，显示了说话者较强的思辨能力。整段话思路清晰，层次分明，内容充实。从结构上看，话还未完，只是因为说满了规定的时间而不得不打住。不难看出，如果时间允许，连续讲五六分钟是没有问题的。从用词造句的情况看，说话者使用了规范的普通话词汇、语法，语言平实，散句较多，句中基本没有冗余成分。只是在一些句中停顿的地方用了“呢”，但音长较短，音强较弱，听起来很自然，使整段话既体现出思维的严密，又体现出口语灵活的特点。从语速来看，三分钟讲了540个音节，平均一分钟180个音节左右。吐字清晰，语意连贯，言语流畅。虽然话中也有一些口误和语法毛病。比如：“传业、授道”应为“传道、授业”；“但是……大学毕业之后，分配到……这个职业之后”，这里的两个“之后”，前一个似是多余的。但这些问题，在没有讲稿的说话中，是不必苛求的。也就是说，在实际测试中一般不会扣分。

实例二

我喜欢的动物

我最喜爱的一种小动物是兔子。第一次看见兔子是在叔叔家里。一开门，哇，一大片，雪白雪白地在地上滚动着。仔细一看，大约有四五十只兔子呢。全身雪白雪白的绒毛，一双长长的耳朵，两只眼睛红彤彤的。我真是喜爱极了。随手抱起一只，在怀里抚弄着，爱不释手。叔叔看见我喜爱得成这种样子，于是，就送给了我两只。把两只兔子带回家，我用心地养着它们。每天去摘树叶摘那些草叶儿喂它们。渐渐地两只兔子长大了，甚至还生下了小兔崽子。小兔子刚出生的时候，小小的，就像大拇指那么大，全身软绵绵的，就像没有骨头，身体是通红通红的。可是才过了半天，再去看它们的时候，身上已经发出一片亮光了。仔细一看，原来它们长出了细细的白色的绒毛。这样过得三五天，它们身上的毛已经挺长了，已经显出了一片白色。大约 15 天左右，它们眼睛睁开了，也是通红通红的，就像它们的爸爸、妈妈一样。小兔子很可爱，可以一只手掌捧着一只，带它们去看电视，它们头也不转，一直盯着屏幕看。瞧它们那样子真可爱……所以，我每天放学回家，第一件事就是跟兔子们玩。抱着它们去外面田野里。一到了田野，兔子看见绿色可乐了，撒开腿就往草里跑。有时急得我怎么追也追不上……小兔子就在我的悉心照顾下一天天长大了，变成了大兔子，又生下了第二代、第三代。直到有一天，我们家要搬家了，不能再带着它们走。父亲决定把它们都宰了来请客。那天，看着那可怜的兔子，我流着眼泪对爸爸说："我不吃。我们不要宰它们，好吗?"可是爸爸说："不行。"

〔评析〕

这是一段叙述型说话。这段话具有说话随意性和生动性的特点，使用的口语词较多，短句、散句较多。按时间顺序安排结构，脉络清楚。用了较多形象色彩浓的口语词，如"雪白雪白""红彤彤""通红通红""软绵绵"等。此外，还用了较多比喻，话语简洁明快，没有冗余成分。平均每分钟 206 个音节，非常流畅。一般来说，语速越快会显得越流利，这段话就说得很流利。虽然我们用文字忠实地记录下来，会发现有些话语不够简洁，有些口误，但在听时，由于说话者语速较快、语调生动，因而这些问题并不突出，不影响流畅程度。

这段话有一些方言词语，比如用了一个方言叹词："哇 wā"。这个叹词在广东和广西的使用频率很高，以致很多人都不认为它是方言词了。

实例三

我的家乡

现在我介绍一下我们灵山一些风光水色吧。我们灵山是广西百万人口的大县，嗯，是一个山光水色十分优美的地方。那里的人民十分勤劳、朴实。如果你有空到灵山这个地方去走的话，我不妨当个导游，带你先看看我们那里风景比较好的地方。比较著名的地方有灵山的六峰山，还有灵东水库，人们称它为，是天湖。还有位于灵山西部的俗称小西藏，那里有一个名叫仙女潭，也是一个十分优美，嗯，的游览去处。灵山的六峰山呢，有六个山峰。(笑声) 嗯，主峰呢有，海拔是 4 000 多米吧。在灵山范围来讲，算是一个比较高的山峰了。嗯——山的半腰有一个北帝庙，在远古的时候就已经受到灵山人的敬重。那些——信、信赖，嗯——这个，菩萨，那些信菩萨、信佛的人们呢，都经常到那里去朝拜。嗯，每天的烟火，嗯，都是不断，朝拜的人络绎不直（绝）。公园还有一个主峰，上面，嗯，上到山顶以后呢，可以，看到灵山县城的全景，并且可以看到好几个乡镇。站在山峰上可以说是心旷神怡，嗯，那个视野相当的开阔。

〔评析〕

这是一段说明型说话。说话者对材料烂熟于心，一拿到话题就有一种说的冲动。从内容来看，说话者按方位安排顺序，条理清楚；词汇、语法合乎规范。从结构上看，话只说了开头就到时间了，可以看出来，说话者要继续说下去是完全可以的。但从言语表达效果来看，说话者方音较重，语速过慢，句中停顿较多较长，影响了语意的连贯及言语的流畅程度。造成这种现象的主要原因是，说话者用方言思维。语速慢是因为说话中边想边转换；停顿多、长是因为遇到有些音不会发就停下来想，所以平均每分钟才 130 个音节左右，其间“嗯”“这个”“那个”等多余词常不自觉地带出。由此可见，用普通话思维，语音准确或比较准确，是言语流畅的重要保障。

第四篇

普通话水平测试练习

第七章　普通话水平测试模拟试题[①]

普通话水平测试题 1

一、读单音节字词（100 个音节，共 10 分，限时 3.5 分钟）。请横向朗读！

黄	紫	霞	丢	加	忍	缩	破	撕	完
装	日	最	醒	银	二	雪	披	跟	做
拍	女	份	次	讲	遇	鸟	推	许	弱
某	抓	略	绝	在	却	名	甩	图	磷
池	丁	莫	窑	氧	惩	贼	搓	呵	窜
非	霜	史	捏	笋	悬	寨	翁	液	聘
匀	稍	憋	迎	瓜	捣	怎	掐	熏	皙
铐	进	缄	孵	泯	窥	妞	笙	琼	踹
邹	嗑	晌	瘫	犁	捺	鸿	裆	窘	宋
蔫	阁	藕	乏	舜	痊	膨	扼	楚	标

二、读多音节词语（50 个词语，共 20 分，限时 2.5 分钟）。请横向朗读！

病房	遵守	小孩儿	马虎	配合	困难	粉笔
传播	大衣	秋天	剧场	采购	那样	旅馆
粮食	群众	学院	米饭	森林	爆眼儿	跨越
酸楚	鬼混	走眼	喧嚷	窘况	水井	锅贴
辞呈	耳塞	耍弄	热能	刁钻	旦角儿	狭窄
灭亡	劝说	品质	外婆	思潮	怀孕	折腾
轻微	流氓	年头儿	穷人	苍蝇	飞翔	假装
创作						

三、朗读短文（400 个音节，共 30 分，限时 4 分钟）。

1 号朗读作品

那是力争上游的一种树，笔直的干，笔直的枝。它的干[①]呢，通常是丈把高，像是加以人工似的[②]，一丈以内，绝无旁枝；它所有的丫枝[③]呢，一律向上，而且紧紧靠拢，也像

① 本章测试题中朗读作品的编号为《普通话水平测试用朗读作品》的编号。

是加以人工似的，成为一束，绝无横斜逸出；它的宽大的叶子也是片片[4]向上，几乎没有斜生的，更不用说倒垂了；它的皮，光滑而有银色的晕圈[5]，微微泛出淡青色。这是虽在北方的风雪的压迫下却保持着倔强挺立的一种树！哪怕只有碗来粗细罢，它却努力向上发展，高到丈许，两丈，参天耸立，不折不挠[6]，对抗着西北风。

这就是白杨树，西北极普通的一种树，然而绝不是平凡的树！

它没有婆娑[7]的姿态，没有屈曲盘旋的虬[8]枝，也许你要说它不美丽，——如果美是专指“婆娑”或“横斜逸出”之类而言，那么，白杨树算不得树中的好女子[9]；但是它却是伟岸，正直，朴质，严肃，也不缺乏温和，更不用提它的坚强不屈与挺拔，它是树中的伟丈夫[10]！当你在积雪初融的高原上走过，看见平坦的大地上傲然挺立这么一株或一排白杨树，难道你就只觉得树只是树，难道你就不想到它的朴质，严肃，坚强不屈，至少也象征了北方的农民；难道你竟一点儿[11]也不联想到，在敌后的广大土地上，到处有坚强不屈，就像这白杨树一样傲然挺立的守卫他们家乡的哨兵！难道你又不更远一点儿想到这样枝枝叶叶靠紧团结，力求上进的白杨树，宛然[12]象征了今天在华北平原纵横决荡用血[13]写出新中国历史的那种精神和意志。

节选自茅盾《白杨礼赞》

语音提示

①干 gàn　　②似的 shìde
③丫枝 yāzhī　　④片片 piànpiàn
⑤晕圈 yùnquān　　⑥挠 náo
⑦婆娑 pósuō　　⑧虬 qiú
⑨女子 nǚzǐ　　⑩丈夫 zhàngfū
⑪一点儿 yìdiǎnr　　⑫宛然 wǎnrán
⑬血 xiě

四、命题说话（请在下列话题中任选一个，共 40 分，限时 3 分钟）。

1. 谈谈个人修养
2. 我尊敬的人

普通话水平测试题 2

一、读单音节字词（100 个音节，共 10 分，限时 3.5 分钟）。请横向朗读！

矮	而	壮	孔	罪	页	拔	锁	归	贩
搓	旁	翁	秒	助	面	寸	皮	同	抓
多	忙	命	呆	树	堆	骗	鸟	拈	奥

顿	您	阐	练	怒	卷	嫂	修	铁	聘
短	近	给	瘫	鞋	韵	光	拗	集	庸
黄	吝	棵	明	肯	俊	略	怨	叫	女
旅	法	自	映	软	肩	色	外	绕	信
吹	加	半	抓	团	生	遇	三	香	绝
奏	拨	氧	志	丑	非	善	娃	谈	他
乳	撑	狠	潮	情	岩	梢	权	优	快

二、读多音节词语（50个词语，共20分，限时2.5分钟）。请横向朗读！

雨伞	背包	感动	个体	舌头	考古	商品
幼年	开刃儿	瞄准	冷水	弱者	印刷	日子
扇面儿	谅解	尽快	搞好	刀光	权力	早晚
小辫儿	清楚	清汤	狂风	杀害	内乱	护送
沉默	围剿	相仿	利润	敏感	表层	保管
家族	症候	金鱼儿	享有	仁爱	针眼儿	二月
运气	大修	中选	潜艇	反对	本着	挥手
减产						

三、朗读短文（400个音节，共30分，限时4分钟）。

2号朗读作品

两个同龄的年轻人同时受雇于一家店铺，并且拿同样的薪水。

可是一段时间后，叫阿诺德的那个小伙子青云直上，而那个叫布鲁诺的小伙子却仍在原地踏步。布鲁诺很不满意老板的不公正待遇①。终于有一天他到老板那儿发牢骚②了。老板一边耐心地听着他的抱怨③，一边在心里盘算着④怎样向他解释清楚他和阿诺德之间的差别。

“布鲁诺先生，”老板开口说话了，“您现在到集市上去一下，看看今天早上有什么卖的。”

布鲁诺从集市上回来向老板汇报说，今早集市上只有一个农民拉了一车土豆在卖。

“有多少？”老板问。

布鲁诺赶快戴上帽子又跑到集上，然后回来告诉老板一共四十袋土豆。

“价格是多少？”

布鲁诺又第三次跑到集上问来了价格。

“好吧，”老板对他说，“现在请您坐到这把椅子上一句话也不要说，看看阿诺德怎么说。”

阿诺德很快就从集市上回来了。向老板汇报说到现在为止只有一个农民在卖土豆，一共四十口袋，价格是多少多少；土豆质量很不错，他带回来一个让老板看看。这个农民一个钟头以后还会弄来几箱西红柿，据他看价格非常公道[5]。昨天他们铺子的西红柿卖得很快，库存已经不多了。他想这么便宜[6]的西红柿，老板肯定会要进一些的，所以他不仅带回了一个西红柿做样品，而且把那个农民也带来了，他现在正在外面等回话呢。

此时老板转向了布鲁诺，说："现在您肯定知道为什么阿诺德的薪水比您高了吧！"

节选自张建鹏、胡足青主编《故事时代》中《差别》

语音提示

①待遇 dàiyù	②牢骚 láosāo
③抱怨 bàoyuàn	④盘算着 pánsuànzhe
⑤公道 gōngdào	⑥便宜 piányi

四、命题说话（请在下列话题中任选一个，共 40 分，限时 3 分钟）。

1. 童年的记忆
2. 谈谈卫生与健康

普通话水平测试题 3

一、读单音节字词（100 个音节，共 10 分，限时 3.5 分钟）。请横向朗读！

摆	飞	呐	请	事	格	财	痢	儿	缠
散	纽	鹤	拖	想	水	股	分	圆	女
惨	办	闹	晒	乖	叉	佛	蜷	蹭	观
撤	踝	聂	捧	疮	淡	让	冷	吸	沉
糠	自	坏	哨	乳	偶	憔	矩	冬	零
孙	篇	新	夸	哑	脓	弱	飘	审	读
流	歇	翁	嫁	抠	吞	诱	旬	真	湿
母	她	画	潦	金	弦	助	琼	砖	姚
窘	宋	邪	局	座	坏	堆	美	瘟	思
裙	波	撞	掘	盒	总	摸	襁	洒	涩

二、读多音节词语（50 个词语，共 20 分，限时 2.5 分钟）。请横向朗读！

灵敏	满载	背面	把握	口哨儿	后代	耳目
电视	中断	池塘	梳子	宁可	告终	食品
下本儿	畏惧	寿命	疯狂	话剧	祝贺	算盘
眼角	经济	相反	破烂儿	热潮	书籍	整数
提议	蟋蟀	摆摊儿	汇报	所属	修改	磁头

运输	抗击	分界	城郊	春播	胳膊	窑洞
打杂儿	表里	愿望	少量	知道	自称	回去
作品						

三、朗读短文（400 个音节，共 30 分，限时 4 分钟）。

3 号朗读作品

我常常遗憾我家门前那块丑石：它黑黝黝[①]地卧在那里，牛似的[②]模样[③]；谁也不知道是什么时候留在这里的，谁也不去理会它。只是麦收时节，门前摊了麦子，奶奶总是说：这块丑石，多占地面呀，抽空把它搬走吧。

它不像汉白玉那样的细腻，可以刻字雕花，也不像大青石那样的光滑，可以供来[④]浣纱捶布。它静静地卧在那里，院边的槐阴没有庇覆[⑤]它，花儿[⑥]也不再在它身边生长。荒草便繁衍出来，枝蔓[⑦]上下，慢慢地，它竟锈上了绿苔[⑧]、黑斑。我们这些做孩子的，也讨厌起它来，曾合伙要搬走它，但力气又不足；虽时时咒骂它，嫌弃它，也无可奈何，只好任它留在那里了。

终有一日，村子里来了一个天文学家。他在我家门前路过，突然发现了这块石头，眼光立即就拉直了。他再没有离开，就住了下来；以后又来了好些人，都说这是一块陨石，从天上落下来已经有二三百年了，是一件了不起的东西。不久便来了车，小心翼翼地将它运走了。

这使我们都很惊奇，这又怪又丑的石头，原来是天上的啊！它补过天，在天上发过热、闪过光，我们的先祖或许仰望过它，它给了他们光明、向往、憧憬[⑨]；而它落下来了，在污土里，荒草里，一躺就是几百年了！

我感到自己的无知，也感到了丑石的伟大，我甚至怨恨它这么多年竟会默默地忍受着这一切！而我又立即深深地感到它那种不屈于误解、寂寞的生存的伟大。

节选自贾平凹《丑石》

语音提示

①黑黝黝 hēiyǒuyǒu 或 hēiyōuyōu

②似的 shìde　　③模样 múyàng

④供来 gōnglái　　⑤庇覆 bìfù

⑥花儿 huā'ér（不作儿化词）　　⑦枝蔓 zhīmàn

⑧绿苔 lǜtái　　⑨憧憬 chōngjǐng

四、命题说话（请在下列话题中任选一个，共 40 分，限时 3 分钟）。

1. 我尊敬的人
2. 我向往的地方

普通话水平测试题 4

一、读单音节字词（100 个音节，共 10 分，限时 3.5 分钟）。请横向朗读！

而	昏	劝	新	各	渊	柏	翁	琼	敦
谒	碑	茶	窝	女	框	青	煞	让	央
扼	期	嫩	仍	军	广	牵	劣	张	闹
见	诺	子	非	揉	刮	散	椰	拽	良
居	团	讴	畔	微	略	拆	下	龟	赐
鞍	杯	许	虱	儒	涤	临	抓	从	肋
迟	楔	屉	逢	丢	钏	缩	淳	催	颊
脏	荫	修	钓	卷	腔	磅	酸	蚕	软
吮	猫	您	鼻	念	底	接	学	礁	聘
飘	脖	停	磨	肤	各	挛	薄	拢	邹

二、读多音节词语（50 个词语，共 20 分，限时 2.5 分钟）。请横向朗读！

快乐	爱护	聪明	恐怕	耳朵	隔壁	标准
旅行	费用	平均	水果	安全	假条	了解
民族	创造	夏天	儿童	热情	邻居	猥琐
拐弯	别扭	凯旋	村庄	抽屉	法庭	夸奖
产业	魔术	人群	搜查	色彩	强壮	凶猛
贬低	跑腿儿	治学	婆家	反悔	疟疾	党羽
有点儿	使唤	拱桥	磁场	绕远儿	疹子	清汤
愣神儿						

三、朗读短文（400 个音节，共 30 分，限时 4 分钟）。

4 号朗读作品

在达瑞八岁的时候，有一天他想去看电影。因为没有钱，他想是向爸妈要钱，还是自己挣钱。最后他选择了后者。他自己调制①了一种汽水，向过路的行人出售。可那时正是寒冷的冬天，没有人买，只有两个人例外——他的爸爸和妈妈。

他偶然②有一个和非常成功的商人谈话的机会。当他对商人讲述了自己的“破产史”后，商人给了他两个重要的建议：一是尝试为别人解决一个难题；二是把精力集中在你知道的、你会的和你拥有的东西上。

这两个建议很关键。因为对于一个八岁的孩子而言，他不会做的事情③很多。于是他穿过大街小巷，不停地思考：人们会有什么难题④，他又如何利用这个机会？

一天，吃早饭时父亲让达瑞去取报纸。美国的送报员总是把报纸从花园篱笆⑤的一个特制的管子里塞⑥进来。假如你想穿着睡衣舒舒服服⑦地吃早饭和看报纸，就必须离开温暖的房间，冒着寒风，到花园去取。虽然路短，但十分麻烦。

当达瑞为父亲取报纸的时候，一个主意诞生了。当天⑧他就按响邻居的门铃，对他们说，每个月只需付给他一美元，他就每天早上把报纸塞到他们的房门底下。大多数人都同意了，很快他有了七十多个顾客。一个月后，当他拿到自己赚的钱时，觉得自己简直是飞上了天。

很快他又有了新的机会，他让他的顾客每天把垃圾袋放在门前，然后由他早上运到垃圾桶里，每个月加一美元。之后他还想出了许多孩子赚钱的办法，并把它结集成书，书名为《儿童挣钱的二百五十个主意⑨》。为此，达瑞十二岁时就成了畅销书作家，十五岁有了自己的谈话节目，十七岁就拥有了几百万美元。

节选自［德］博多·舍费尔《达瑞的故事》，刘志明译

语音提示

①调制 tiáozhì　　②偶然 ǒurán

③事情 shìqing　　④难题 nántí

⑤篱笆 líba　　⑥塞 sāi

⑦舒舒服服 shūshūfūfū 或 shūshūfúfú

⑧当天 dàngtiān　　⑨主意 zhǔyi

四、命题说话（请在下列话题中任选一个，共 40 分，限时 3 分钟）。

1. 谈谈对环境保护的认识
2. 难忘的旅行

普通话水平测试题 5

一、读单音节字词（100 个音节，共 10 分，限时 3.5 分钟）。请横向朗读！

啪	找	鹤	痣	宋	癌	紫	源	罪	摸
壮	略	向	同	发	春	白	铝	某	弱
付	表	讲	多	穷	亏	乳	屑	拐	苏
苫	秦	捕	判	裆	翁	蛆	沈	偶	村
淋	冲	抠	瘸	死	飞	巧	变	往	儿
成	由	黑	赢	木	名	类	日	乖	格
雌	贱	才	哑	响	习	涛	蛙	梯	犁
蛰	纫	蹬	君	甲	广	夸	诗	灭	拍
方	鱼	很	从	云	坡	跑	丢	吃	熊

观 怀 捐 尊 剜 涩 枕 克 褪 腻

二、读多音节词语（50 个词语，共 20 分，限时 2.5 分钟）。请横向朗读！

选举	真正	暖和	运动	尊敬	品种	批评
聊天儿	算了	寻找	起床	拥护	卡车	参观
紧张	跑步	合作	后悔	偶尔	好看	大方
生日	草率	裁决	昆虫	年头儿	偏向	麻雀
佛教	宏伟	雷雨	阳光	穷苦	敏捷	冤枉
美感	差事	阐述	瓦工	宝藏	利索	揣摩
小曲儿	斜面	返修	假山	乳牛	审订	坦然
老伴儿						

三、朗读短文（400 个音节，共 30 分，限时 4 分钟）。

5 号朗读作品

这是入冬以来，胶东半岛上第一场雪。

雪纷纷扬扬，下得很大。开始还伴着一阵儿小雨，不久就只见大片大片的雪花，从彤云①密布的天空中飘落下来。地面上一会儿就白了。冬天的山村，到了夜里就万籁俱寂②，只听得雪花簌簌③地不断往下落，树木的枯枝被雪压断了，偶尔咯吱④一声响。

大雪整整下了一夜。今天早晨，天放晴了，太阳出来了。推开门一看，嗬！好大的雪啊⑤！山川、河流、树木、房屋，全都罩上了一层厚厚的雪，万里江山，变成了粉妆玉砌⑥的世界。落光了叶子的柳树上挂满了毛茸茸⑦亮晶晶的银条儿；而那些冬夏常青的松树和柏树⑧上，则挂满了蓬松松沉甸甸⑨的雪球儿。一阵风吹来，树枝轻轻地摇晃，美丽的银条儿和雪球儿簌簌地落下来，玉屑⑩似的⑪雪末儿随风飘扬，映着清晨的阳光，显出一道道五光十色的彩虹。

大街上的积雪足有一尺多深，人踩上去，脚底下发出咯吱咯吱的响声。一群群孩子在雪地里堆雪人，掷雪球儿。那欢乐的叫喊声，把树枝上的雪都震落下来了。

俗话说，“瑞雪兆丰年”。这个话有充分的科学根据，并不是一句迷信的成语。寒冬大雪，可以冻死一部分越冬的害虫；融化了的水渗进土层深处，又能供应⑫庄稼⑬生长的需要。我相信这一场十分及时的大雪，一定会促进明年春季作物，尤其是小麦的丰收。有经验的老农把雪比作是“麦子的棉被”。冬天“棉被”盖得越厚，明年麦子就长得越好，所以又有这样一句谚语：“冬天麦盖三层被，来年枕着馒头睡。”

我想，这就是人们为什么把及时的大雪称为“瑞雪”的道理吧。

节选自峻青《第一场雪》

语音提示

①彤云 tóngyún ②万籁俱寂 wànlàijùjì

③簌簌 sùsù　　④咯吱 gēzhī
⑤雪啊 xuěa　　⑥粉妆玉砌 fěnzhuāngyùqì
⑦毛茸茸 máorōngrōng 或 máoróngróng
⑧柏树 bǎishù　　⑨沉甸甸 chéndiāndiān 或 chéndiàndiàn
⑩玉屑 yùxiè　　⑪似的 shìde
⑫供应 gōngyìng　　⑬庄稼 zhuāngjia

四、命题说话（请在下列话题中任选一个，共 40 分，限时 3 分钟）。

1. 我的愿望（或理想）
2. 谈谈社会公德（或职业道德）

普通话水平测试题 6

一、读单音节字词（100 个音节，共 10 分，限时 3.5 分钟）。请横向朗读！

改	面	岛	忍	流	哼	家	软	笨	私
而	门	美	逢	涂	名	刮	坏	墙	塔
存	捉	诗	递	秒	自	捕	来	逛	红
粒	嘴	许	冲	圈	坡	色	碑	闪	穷
瞥	趟	畏	蹬	框	苍	桩	捻	秋	损
瘸	莽	捏	若	磕	俊	翁	熏	贫	园
雌	耍	否	跪	疮	嫌	掷	聚	聘	蚌
瑕	篝	锄	苔	座	鹁	揣	凛	鼎	挠
铸	攒	臊	御	俯	农	酵	裆	涮	蜚
辙	梯	痛	判	肋	鹤	搂	邹	鸥	铀

二、读多音节词语（50 个词语，共 20 分，限时 2.5 分钟）。请横向朗读！

帮助	毛病	风俗	得到	来自	便宜	女士
投入	欢送	禁止	空前	区别	消灭	庄稼
产品	沙漠	人物	遭受	餐厅	因而	挂念
损害	判决	罚款	锅炉	卫生	逆流	夸奖
培训	短处	帆船	光彩	追究	峡谷	凑合
大马	穷忙	跃然	锐角	邪门儿	垒球	雄浑
口哨儿	缺额	快当	白干儿	参差	墙报	娘胎
杂院儿						

三、朗读短文（400 个音节，共 30 分，限时 4 分钟）。

6 号朗读作品

我常想读书人是世间幸福人，因为他除了拥有现实的世界之外，还拥有另一个更为浩瀚也更为丰富的世界。现实的世界是人人都有的，而后一个世界却为读书人所独有。由此我想，那些失去或不能阅读的人是多么[①]的不幸，他们[②]的丧失是不可补偿[③]的。世间有诸多的不平等，财富的不平等，权力的不平等，而阅读能力的拥有或丧失却体现为精神[④]的不平等。

一个人的一生，只能经历自己拥有的那一份欣悦，那一份苦难，也许再加上他亲自闻知的那一些关于自身以外的经历和经验。然而，人们通过阅读，却能进入不同时空的诸多他人的世界。这样，具有阅读能力的人，无形间获得了超越有限生命的无限可能性。阅读不仅使他多识了草木虫鱼之名，而且可以上溯[⑤]远古下及未来，饱览存在的与非存在的奇风异俗。

更为重要的是，读书加惠于人们的不仅是知识[⑥]的增广，而且还在于精神的感化与陶冶[⑦]。人们从读书学做人，从那些往哲先贤以及当代才俊的著述中学得他们的人格。人们从《论语》[⑧]中学得智慧的思考，从《史记》中学得严肃的历史精神，从《正气歌》中学得人格的刚烈，从马克思学得人世的激情，从鲁迅学得批判精神，从托尔斯泰学得道德的执著[⑨]。歌德的诗句刻写着睿智[⑩]的人生，拜伦的诗句呼唤着奋斗的热情。一个读书人，一个有机会拥有超乎个人生命体验的幸运人。

节选自谢冕《读书人是幸福人》

语音提示

①多么 duōme　　②他们 tāmen

③补偿 bǔcháng　　④精神 jīngshén

⑤上溯 shàngsù　　⑥知识 zhīshi

⑦陶冶 táoyě　　⑧论语 lúnyǔ

⑨执著 zhízhuó　　⑩睿智 ruìzhì

四、命题说话（请在下列话题中任选一个，共 40 分，限时 3 分钟）。

1. 我的业余生活
2. 我知道的风俗

普通话水平测试题 7

一、读单音节字词（100 个音节，共 10 分，限时 3.5 分钟）。请横向朗读！

层　破　伸　撞　城　加　惹　够　书　染

进	女	瓶	忍	做	碑	字	赢	话	伞
肺	渴	恨	所	吃	卖	纸	杀	怪	脸
丢	辆	官	二	船	娘	碰	梨	肉	缺
骂	邻	赏	叠	蚕	荡	丸	耕	坟	标
网	捐	社	翁	财	州	料	熊	阅	夸
肠	欲	蜂	啄	冤	音	刑	尊	特	邀
挠	孵	迥	舶	附	铭	愧	狂	酥	焕
皂	舔	秦	允	虐	咏	赐	妞	淮	骏
袍	宋	淳	妾	荀	梯	绚	辖	区	荣

二、读多音节词语（50个词语，共20分，限时2.5分钟）。请横向朗读！

伯母	军队	口角	能够	下面	内容	送行
开放	盼望	大街	特征	根本	快活	幻想
另眼	遵守	措施	庄稼	所谓	早晨	外流
迫害	发起	钟声	思念	分清	扫除	沸腾
责备	磁铁	扰乱	引人	夸奖	寡妇	用品
裙带	迥然	瘸子	炫耀	血衣	疟疾	捐躯
唱片儿	飘洒	有门儿	穷困	绿条	小曲儿	陨星
板擦儿						

三、朗读短文（400个音节，共30分，限时4分钟）。

7号朗读作品

一天，父亲下班回到家已经很晚了，他很累也有点儿①烦，他发现五岁的儿子靠在门旁正等着②他。

“爸，我可以问您一个问题吗？”

“什么③问题？”“爸，您一小时可以赚多少钱？”“这与你无关，你为什么问这个问题？”父亲生气地说。

“我只是想知道，请告诉我，您一小时赚多少钱？”小孩儿哀求道。“假如你一定要知道的话，我一小时赚二十美金。”

“哦④，”小孩儿低下了头，接着又说，“爸，可以借我十美金吗？”父亲发怒了：“如果你只是要借钱去买毫无意义的玩具的话，给我回到你的房间睡觉去。好好⑤想想为什么你会那么自私。我每天辛苦工作，没时间和你玩儿⑥小孩子的游戏。”

小孩儿默默地回到自己的房间关上门。

父亲坐下来还在生气。后来，他平静下来了。心想他可能对孩子太凶了——或许孩子真的很想买什么东西，再说他平时很少要过钱。

父亲走进孩子的房间："你睡了吗?""爸，还没有，我还醒着。"孩子回答。

"我刚才可能对你太凶了，"父亲说，"我不应该发那么大的火儿——这是你要的十美金。""爸，谢谢您。"孩子高兴地从枕头⑦下拿出一些被弄皱的钞票，慢慢地数着⑧。

"为什么你已经有钱了还要?"父亲不解地问。

"因为原来不够，但现在凑够了。"孩子回答："爸，我现在有二十美金了，我可以向您买一个小时的时间吗? 明天请早一点儿回家——我想和您一起吃晚餐。"

节选自唐继柳编译《二十美金的价值》

语音提示

①点儿 diǎnr	②等着 děngzhe
③什么 shénme	④哦 ò
⑤好好 hǎohǎo	⑥玩儿 wánr
⑦枕头 zhěntou	⑧数着 shǔzhe

四、命题说话（请在下列话题中任选一个，共 40 分，限时 3 分钟）。

1. 我的愿望（或理想）
2. 购物（消费）的感受

普通话水平测试题 8

一、读单音节字词（100 个音节，共 10 分，限时 3.5 分钟）。请横向朗读！

把	理	肺	掏	扭	烂	搁	棵	解	将
敲	下	指	抄	伤	认	攒	册	所	为
约	存	才	日	软	拽	选	株	形	洋
考	根	皮	破	名	票	犯	东	点	奔
瞥	佛	叠	拧	嫩	礼	勾	耐	妞	铝
抗	框	陆	晴	化	计	皇	茧	掀	迟
梢	走	闪	砸	足	虽	塞	葬	亲	扫
容	涌	润	运	槐	甜	翁	挑	党	玩
膛	娃	窘	幼	鹅	而	学	取	矾	外
沤	某	敖	增	杯	心	相	喘	群	泉

二、读多音节词语（50 个词语，共 20 分，限时 2.5 分钟）。请横向朗读！

散会	温床	运筹	省亲	涨潮	殉国	甩卖
逆风	放肆	辖区	搪塞	滞销	赈灾	结盟

绒布	上午	日子	发表	一块儿	网球	周围
处理	顺便	打听	血液	聊天儿	可爱	热闹
压迫	完全	啤酒	没事儿	耳朵	萝卜	勉强
金鱼儿	操纵	简称	雄壮	脆弱	信仰	浓度
穷人	军官	捐款	废话	挖掘	函授	次品
老板						

三、朗读短文（400 个音节，共 30 分，限时 4 分钟）。

8 号朗读作品

我爱月夜，但我也爱星天。从前在家乡七八月的夜晚在庭院里纳凉[1]的时候，我最爱看天上密密麻麻[2]的繁星。望着星天，我就会忘记一切，仿佛[3]回到了母亲的怀里似的。

三年前在南京我住的地方有一道后门，每晚我打开后门，便看见一个静寂[4]的夜。下面是一片菜园，上面是星群密布的蓝天。星光在我们的肉眼里虽然微小，然而它使我们觉得光明无处不在。那时候我正在读一些天文学的书，也认得一些星星，好像它们就是我的朋友，它们常常在和我谈话一样。

如今在海上，每晚和繁星相对，我把它们认得很熟了。我躺在舱面[5]上，仰望天空。深蓝色的天空里悬着无数半明半昧的星。船在动，星也在动，它们是这样低，真是摇摇欲坠[6]呢！渐渐地我的眼睛模糊[7]了，我好像看见无数萤火虫在我的周围飞舞。海上的夜是柔和的，是静寂的，是梦幻的。我望着许多认识的星，我仿佛看见它们在对我眨眼[8]，我仿佛听见它们在小声说话。这时我忘记了一切。在星的怀抱中我微笑着，我沉睡着。我觉得自己是一个小孩子，现在睡在母亲的怀里了。

有一夜，那个在哥伦波[9]上船的英国人指给我看天上的巨人。他用手指着：那四颗明亮的星是头，下面的几颗是身子，这几颗是手，那几颗是腿和脚，还有三颗星算是腰带。经他这一番指点，我果然看清楚了那个天上的巨人。看，那个巨人还在跑呢！

节选自巴金《繁星》

语音提示

①纳凉 nàliáng　②密密麻麻 mìmìmámá
③仿佛 fǎngfú　④静寂 jìngjì
⑤舱面 cāngmiàn　⑥摇摇欲坠 yáoyáoyùzhuì
⑦模糊 móhu　⑧眨眼 zhǎyǎn
⑨哥伦波 Gēlúnbō

四、命题说话（请在下列话题中任选一个，共 40 分，限时 3 分钟）。

1. 我的业余生活
2. 谈谈美食

普通话水平测试题 9

一、读单音节字词（100 个音节，共 10 分，限时 3.5 分钟）。请横向朗读！

搁	帮	拐	随	刷	捕	春	将	缺	紫
趁	私	挖	岸	词	绕	也	粗	撞	水
住	军	雄	坡	窄	握	云	最	所	二
集	日	院	秋	存	拆	穷	往	而	作
广	盼	尊	虹	法	末	荒	福	拼	空
颊	幕	舵	非	任	溅	悔	盯	湾	灵
瓜	从	率	淋	涌	门	搓	砸	翁	崖
絮	纽	苔	石	宣	褪	晌	社	添	闩
痣	碑	揣	逮	镖	邹	槛	郑	瞟	轴
铐	虐	相	啮	梨	明	润	蹦	渐	涛

二、读多音节词语（50 个词语，共 20 分，限时 2.5 分钟）。请横向朗读！

金属	枪眼儿	宁愿	准则	产量	可否	嫂子
宽大	腹部	老头儿	活泼	降临	纯粹	儿戏
阻挡	整修	叫唤	野人	抗击	拟定	边防
交纳	忽视	切开	铜钱	效率	残余	疫苗
刨根儿	列国	寻找	打鸣儿	如意	文学	位置
小米	钢材	领土	折磨	通俗	脸蛋儿	手枪
配偶	感动	赛跑	假使	农家	火警	梅花
半岛						

三、朗读短文（400 个音节，共 30 分，限时 4 分钟）。

9 号朗读作品

假日到河滩上转转[①]，看见许多孩子在放风筝[②]。一根根长长的引线，一头系[③]在天上，一头系在地上，孩子同风筝都在天与地之间悠荡，连心也被悠荡得恍恍惚惚[④]了，好像又回到了童年。

儿时放的风筝，大多是自己的长辈或家人编扎[⑤]的，几根削得很薄的篾，用细纱线扎成各种鸟兽的造型，糊上雪白的纸片，再用彩笔勾勒[⑥]出面孔与翅膀的图案。通常扎得最多的是“老雕”“美人儿[⑦]”“花蝴蝶”等。

我们家前院就有位叔叔，擅扎风筝，远近闻名。他扎得风筝不只体型好看，色彩艳丽，放飞得高远，还在风筝上绷一叶用蒲苇削成的膜片，经风一吹，发出“嗡嗡[8]”的声响，仿佛是风筝的歌唱，在蓝天下播扬，给开阔的天地增添了无尽的韵味，给驰荡的童心带来几分疯狂。

我们那条胡同[9]的左邻右舍的孩子们放的风筝几乎都是叔叔编扎的。他的风筝不卖钱，谁上门去要，就给谁，他乐意[10]自己贴钱买材料。

后来，这位叔叔去了海外，放风筝也渐与孩子们远离了。不过年年叔叔给家乡写信，总不忘提起儿时的放风筝。香港回归之后，他在家信中说到，他这只被故乡放飞到海外的风筝，尽管飘荡游弋[11]，经沐风雨，可那线头儿[12]一直在故乡和亲人手中牵着[13]，如今飘得太累了，也该要回归到家乡和亲人身边来了。

是的，我想，不光是叔叔，我们每个人都是风筝，在妈妈手中牵着，从小放到大，再从家乡放到祖国最需要的地方去啊！

节选自李恒瑞《风筝畅想曲》

语音提示

①转转 zhuànzhuàn　②风筝 fēngzheng
③系 jì　④恍恍惚惚 huǎnghuǎnghūhū
⑤编扎 biānzā　⑥勾勒 gōulè
⑦美人儿 měirénr　⑧嗡嗡 wēngwēng
⑨胡同 hútòngr　⑩乐意 lèyì
⑪游弋 yóuyì　⑫线头儿 xiàntóur
⑬牵着 qiānzhe

四、命题说话（请在下列话题中任选一个，共 40 分，限时 3 分钟）。

1. 我的朋友
2. 谈谈科技发展与社会生活

普通话水平测试题 10

一、读单音节字词（100 个音节，共 10 分，限时 3.5 分钟）。请横向朗读！

砸	酿	淋	矫	贰	伺	晾	岭	饶	盏
埠	茧	鳖	拔	爹	拽	抢	野	翁	锯
涌	熏	描	匀	师	瘸	凶	揪	绝	睁
惹	刷	盖	阵	吹	紫	称	球	抓	匹
钻	躲	花	累	擦	破	江	俩	跪	扛

会	风	撞	拆	肺	酸	球	根	厚	冲
逛	蹲	鸟	准	群	嚷	即	更	军	苏
癣	熟	蟹	蜇	蹦	磨	舔	笙	御	童
涮	邹	洽	脓	蠕	森	蜷	秦	润	庭
脑	沤	邢	弘	瞑	测	涂	沈	棚	评

二、读多音节词语（50 个词语，共 20 分，限时 2.5 分钟）。请横向朗读！

森林	名胜	嗓子	耐心	任务	暖和	麻烦
没错	夏天	丢掉	创造	病菌	应用	外边
一会儿	仍然	邮票	爸爸	解决	面条儿	谱曲
优质	看重	晚餐	恩情	黑夜	宗旨	同期
尺寸	嘴唇	规矩	放松	矿藏	使劲儿	假如
相逢	坎坷	窘迫	芸豆	绚丽	纳闷儿	圈阅
垮台	阿谀	官话	腹腔	儿歌	快慰	夸奖
老头儿						

三、朗读短文（400 个音节，共 30 分，限时 4 分钟）。

10 号朗读作品

爸不懂得[①]怎样表达爱，使我们一家人融洽[②]相处[③]的是我妈。他只是每天上班下班，而妈则把我们做过的错事开列清单，然后由他来责骂我们。

有一次我偷了一块糖果，他要我把它送回去，告诉[④]卖糖的说是我偷来的，说我愿意替他拆箱卸货[⑤]作为赔偿。但妈妈却明白[⑥]我只是个孩子。

我在运动场打秋千跌断了腿，在前往医院途中一直抱着我的，是我妈。爸把汽车停在急诊室[⑦]门口，他们叫他驶开，说那空位[⑧]是留给紧急车辆停放的。爸听了便叫嚷道："你以为这是什么[⑨]车？旅游车？"

在我生日会上，爸总是显得有些不大相称[⑩]。他只是忙于吹气球，布置餐桌，做杂务。把插着蜡烛的蛋糕推过来让我吹的，是我妈。

我翻阅照相册时，人们总是问："你爸爸是什么样子的？"天晓得！他老是忙着替别人[⑪]拍照。妈和我笑容可掬[⑫]地一起拍的照片，多得不可胜数[⑬]。

我记得妈有一次叫他教[⑭]我骑自行车。我叫他别放手，但他却说是应该放手的时候了。我摔倒之后，妈跑过来扶我，爸却挥手要她走开。我当时生气极了，决心要给他点儿颜色看。于是我马上爬上自行车，而且自己骑给他看。他只是微笑。

我念大学时，所有的家信都是妈写的。他除了寄支票外，还寄过一封短柬[⑮]给我，说因为我不在草坪上踢足球了，所以他的草坪长得很美。

每次我打电话回家，他似乎都想跟我说话，但结果总是说："我叫你妈来接。"

我结婚时，掉眼泪的是我妈。他只是大声擤[⑯]了一下鼻子，便走出房间。

我从小到大都听他说："你到哪里⑰去？什么时候回家？汽车有没有汽油？不，不准去。"爸完全不知道⑱怎样表达爱。除非……

会不会是他已经表达了，而我却未能觉察？

节选自［美］艾尔玛·邦贝克《父亲的爱》

语音提示

①懂得 dǒngde	②融洽 róngqià
③相处 xiāngchǔ	④告诉 gàosù
⑤卸货 xièhuò	⑥明白 míngbái
⑦诊室 zhěnshì	⑧空位 kòngwèi
⑨什么 shénme	⑩相称 xiāngchèn
⑪别人 biérén	⑫笑容可掬 xiàoróngkějū
⑬不可胜数 bùkěshèngshǔ	⑭教 jiāo
⑮短柬 duǎnjiǎn	⑯擤 xǐng
⑰哪里 nǎlǐ	⑱知道 zhīdào

四、命题说话（请在下列话题中任选一个，共 40 分，限时 3 分钟）。

1. 我的学习生活
2. 谈谈个人修养

普通话水平测试题 11

一、读单音节字词（100 个音节，共 10 分，限时 3.5 分钟）。请横向朗读！

捐	缴	琴	揣	哪	稻	增	怀	阔	甲
江	留	壮	训	湾	疼	花	嫩	舜	光
藏	杯	星	水	特	惊	首	绿	铅	立
串	捏	入	表	色	乡	唤	扫	铐	锌
铁	日	取	浓	军	笨	三	面	瞎	阅
孩	勇	绝	梦	放	冰	孔	腮	浙	温
求	槛	牛	恰	擦	法	毒	锐	专	要
飘	外	某	腔	子	旋	枯	始	润	许
雄	脏	赔	队	啄	群	地	边	弹	窗
穷	费	村	否	拼	揭	略	刮	共	怪

二、读多音节词语（50 个词语，共 20 分，限时 2.5 分钟）。请横向朗读！

百货	允许	脾气	永远	纳闷儿	观摩	引导

组合	盼望	舌头	演习	日常	扣子	挂号
爱称	从而	沸腾	孙女	拈阄儿	养料	部分
显得	请求	虽然	穷困	差点儿	谎言	贫苦
甩卖	小姐	软件	破灭	绑架	刚强	语法
角色	名册	约束	群众	萝卜	没事儿	牙刷
拉拢	稳当	快餐	权宜	仁政	早晚	垂直
童话						

三、朗读短文（400 个音节，共 30 分，限时 4 分钟）。

11 号朗读作品

一个大问题一直盘踞在我脑袋①里：

世界杯怎么会有如此巨大的吸引力？除去足球本身的魅力②之外，还有什么超乎其上而更伟大的东西？

近来观看世界杯，忽然从中得到了答案：是由于一种无上崇高③的精神情感——国家荣誉感！

地球上的人都会有国家的概念，但未必时时都有国家的感情。往往人到异国，思念家乡，心怀故国，这国家概念就变得有血有肉④，爱国之情来得非常具体。而现代社会，科技昌达，信息快捷，事事上网，世界真是太小太小，国家的界限似乎也不那么清晰了。再说足球正在快速世界化，平日里各国球员频繁转会，往来随意，致使越来越多的国家联赛都具有国际的因素。球员们不论国籍，只效力于自己的俱乐部，他们比赛时的激情中完全没有爱国主义的因子。

然而⑤，到了世界杯大赛，天下大变。各国球员都回国效力，穿上与光荣的国旗同样色彩的服装。在每一场比赛前，还高唱国歌以宣誓对自己祖国的挚爱⑥与忠诚。一种血缘⑦情感开始在全身的血管里⑧燃烧起来，而且立刻热血沸腾。

在历史时代，国家间经常发生对抗，好男儿戎装卫国。国家的荣誉往往需要以自己的生命去换取。但在和平时代，唯有⑨这种国家之间大规模对抗性的大赛，才可以⑩唤起那种遥远而神圣的情感，那就是：为祖国而战！

节选自冯骥才《国家荣誉感》

语音提示

①脑袋 nǎodai　　②魅力 mèilì
③崇高 chónggāo　　④有血有肉 yǒuxuèyǒuròu
⑤然而 rán'ér　　⑥挚爱 zhì'ài
⑦血缘 xuèyuán　　⑧血管里 xuèguǎnli

⑨唯有 wéiyǒu　　　　⑩可以 kěyǐ

四、命题说话（请在下列话题中任选一个，共 40 分，限时 3 分钟）。

1. 我喜欢的节日

2. 谈谈科技发展与社会生活

普通话水平测试题 12

一、读单音节字词（100 个音节，共 10 分，限时 3.5 分钟）。请横向朗读！

八	涌	摸	飞	隋	浊	痔	俩	情	辣
藏	粉	挂	搬	某	涮	穷	任	谢	秋
断	童	女	略	卷	涛	邹	麻	日	朱
苗	低	宣	泼	涩	卫	白	册	牛	雁
跨	陪	拨	姚	管	凶	喊	击	郑	淌
袄	平	乃	石	饶	善	冲	娘	点	怪
哑	掉	屉	否	滚	薛	武	仇	唉	纺
拼	叶	举	矿	鹅	容	晕	快	荫	群
趁	贰	苏	怀	决	翁	辞	御	座	旬
亮	灰	索	秧	扔	子	尊	黄	蹭	舜

二、读多音节词语（50 个词语，共 20 分，限时 2.5 分钟）。请横向朗读！

旅途	掠夺	炯然	暖和	民间	儿歌	贵重
偏差	爽朗	模型	容易	岁月	快板儿	慷慨
沙发	漂亮	眉毛	篡改	面条儿	只好	搜集
寻找	取得	聘书	裁定	损害	如果	洽谈
滑冰	群岛	参政	自焚	最初	捐献	皇帝
困难	衰退	丝绸	始祖	寡妇	全部	下放
痴心	别人	内在	碾盘	牛油	蝶泳	草垫儿
铿锵						

三、朗读短文（400 个音节，共 30 分，限时 4 分钟）。

12 号朗读作品

夕阳落山不久，西方的天空，还燃烧着一片橘红色的晚霞。大海，也被这霞光染成了红色，而且比天空的景色更要壮观。因为它是活动的，每当一排排波浪涌起的时候，那映照在浪峰上的霞光，又红又亮，简直就像一片片霍霍①燃烧着的火焰，闪烁②着，消失了。而后面的一排，又闪烁着，滚动着，涌了过来。

天空的霞光渐渐地淡下去了，深红的颜色变成了绯红[③]，绯红又变为浅红。最后，当这一切红光都消失了的时候，那突然显得高而远了的天空，则呈现出一片肃穆[④]的神色。最早出现的启明星，在这蓝色的天幕上闪烁起来了。它是那么大，那么亮，整个广漠[⑤]的天幕上只有它在那里放射着令人注目的光辉，活像一盏悬挂在高空的明灯。

夜色加浓，苍空中的“明灯”越来越多了。而城市各处的真的灯火也次第[⑥]亮了起来，尤其是围绕[⑦]在海港周围山坡上的那一片灯光，从半空倒映在乌蓝的海面上，随着波浪，晃动着，闪烁着，像一串流动着的珍珠，和那一片片密布在苍穹[⑧]里的星斗互相辉映，煞[⑨]是好看。

在这幽美[⑩]的夜色中，我踏着软绵绵的沙滩，沿着海边，慢慢地向前走去。海水，轻轻地抚摸[⑪]着细软的沙滩，发出温柔的唰唰声。晚来的海风，清新而又凉爽。我的心里，有着说不出的兴奋和愉快。

夜风轻飘飘地吹拂[⑫]着，空气中飘荡着一种大海和田禾相混合的香味，柔软的沙滩上还残留着白天太阳炙晒[⑬]的余温。那些在各个工作岗位上劳动了一天的人们，三三两两地来到这软绵绵[⑭]的沙滩上，他们沐浴着凉爽的海风，望着那缀满[⑮]了星星的夜空，尽情地说笑，尽情地休憩[⑯]。

节选自峻青《海滨仲夏夜》

语音提示

①霍霍 huòhuò　　②闪烁 shǎnshuò
③绯红 fēihóng　　④肃穆 sùmù
⑤广漠 guǎngmò　　⑥次第 cìdì
⑦围绕 wéirào　　⑧苍穹 cāngqióng
⑨煞 shà　　⑩幽美 yōuměi
⑪抚摸 fǔmō　　⑫吹拂 chuīfú
⑬炙晒 zhìshài　　⑭软绵绵 ruǎnmiánmián
⑮缀满 zhuìmǎn　　⑯休憩 xiūqì

四、命题说话（请在下列话题中任选一个，共 40 分，限时 3 分钟）。

1. 我的朋友
2. 谈谈美食

普通话水平测试题 13

一、读单音节字词（100 个音节，共 10 分，限时 3.5 分钟）。请横向朗读！

扭　颇　翁　铁　酱　荫　瞟　素　若　甩

专	委	虐	仅	兵	府	铆	拱	春	胸
舔	法	鹤	指	砸	偶	餐	让	笙	掐
蟹	流	聘	停	弩	刮	崩	迷	屯	绿
俏	恨	榄	钙	夹	纳	代	肺	胞	梦
潘	膜	客	而	雌	枕	豪	抠	名	线
运	挎	葱	劝	荒	女	宋	灯	催	抢
梨	尝	日	邹	鹅	堤	妄	室	用	嫂
迟	裆	寺	御	涮	撞	决	踹	粉	自
浊	疮	锅	捐	碑	润	嘴	说	旬	初

二、读多音节词语（50 个词语，共 20 分，限时 2.5 分钟）。请横向朗读！

圆圈	工夫	回溯	面条儿	贫农	美好	卡片
旅行	背诵	排球	法定	饭桌儿	抓瞎	免得
滑动	打量	能人	减少	抗击	否则	促进
春天	玩意儿	庸碌	绳子	宣教	影响	快慰
祖国	恳切	采访	传播	村庄	年头儿	勋爵
和蔼	日晕	首先	流畅	耳朵	魔鬼	本质
格局	从前	日出	糯米	损失	从容	财产
奔驰						

三、朗读短文（400 个音节，共 30 分，限时 4 分钟）。

13 号朗读作品

生命在海洋里诞生绝不是偶然①的，海洋的物理和化学性质，使它成为孕育原始生命的摇篮。

我们知道，水是生物的重要组成部分②，许多动物组织的含水量在百分之八十以上，而一些海洋生物的含水量高达百分之九十五。水是新陈代谢的重要媒介，没有它，体内的一系列生理和生物化学反应就无法进行，生命也就停止。因此，在短时期内动物缺水要比缺少食物更加危险。水对今天的生命是如此重要，它对脆弱的原始生命，更是举足轻重了。生命在海洋里诞生，就不会有缺水之忧。

水是一种良好的溶剂。海洋中含有许多生命所必需的无机盐，如氯化钠③、氯化钾④、碳酸盐、磷酸盐，还有溶解氧，原始生命可以毫不费力地从中吸取它所需要的元素。

水具有很高的热容量，加之海洋浩大，任凭夏季烈日曝晒⑤，冬季寒风扫荡，它的温度变化却比较小。因此，巨大的海洋就像是天然的“温箱”，是孕育原始生命的温床。

阳光虽然为生命所必需，但是阳光中的紫外线却有扼杀⑥原始生命的危险。水能有效地吸收紫外线，因而又为原始生命提供⑦了天然的"屏障"。

这一切都是原始生命得以产生和发展的必要条件。

节选自童裳亮《海洋与生命》

语音提示

①偶然 ǒurán　　②部分 bùfen

③氯化钠 lǜhuànà　　④氯化钾 lǜhuàjiǎ

⑤曝晒 pùshài　　⑥扼杀 èshā

⑦提供 tígōng

四、命题说话（请在下列话题中任选一个，共 40 分，限时 3 分钟）。

1. 我尊敬的人
2. 学习普通话的体会

普通话水平测试题 14

一、读单音节字词（100 个音节，共 10 分，限时 3.5 分钟）。请横向朗读！

沸	窘	来	权	瓜	悦	宗	疮	导	锤
炼	甜	二	民	宾	嗤	蕊	留	吁	儿
映	丢	破	扑	办	棉	税	完	换	寻
宋	飘	删	女	床	攘	娘	湿	沫	谍
菇	拐	肖	若	戈	谆	梁	金	元	贷
铐	虐	寞	侄	窜	问	体	鸥	架	发
盆	畜	变	俩	列	仔	穷	形	北	酸
奋	州	次	昆	尔	恍	崩	操	用	责
请	司	剃	歪	铁	黑	抓	块	懦	化
捐	唱	逊	颊	足	缺	症	娃	瞄	筷

二、读多音节词语（50 个词语，共 20 分，限时 2.5 分钟）。请横向朗读！

勉强	而且	品行	吞并	朋友	一块儿	表扬
颠簸	没错	污秽	恶心	越发	劝说	墨水儿
雄伟	儿孙	上司	咳嗽	眨眼	悲惨	差点儿
晕车	滑雪	扩大	排球	三角	采用	冠军
暖气	推广	嫉妒	织女	日夜	非常	老头儿
凤凰	柠檬	同志	挂帅	牢房	远虑	恰好

告诫　侍候　肘子　人才　忠臣　棕榈　加工　载荷

三、朗读短文（400 个音节，共 30 分，限时 4 分钟）。

14 号朗读作品

读小学的时候，我的外祖母去世了。外祖母生前最疼爱我，我无法排除自己的忧伤，每天在学校的操场上一圈儿又一圈地跑着，跑得累倒在地上，扑在草坪上痛哭。

那哀痛的日子，断断续续地持续了很久，爸爸妈妈也不知道①如何安慰②我。他们知道与其骗我说外祖母睡着③了，还不如对我说实话：外祖母永远不会回来了。

“什么④是永远不会回来呢？”我问着。

“所有时间里的事物，都永远不会回来。你的昨天过去，它就永远变成昨天，你不能再回到昨天。爸爸以前也和你一样小，现在也不能回到你这么⑤小的童年了；有一天你会长大，你会像外祖母一样老；有一天你度过了你的时间，就永远不会回来了。”爸爸说。

爸爸等于给我一个谜语，这谜语比课本上的“日历挂在墙壁，一天撕去一页，使我心里着急⑥”和“一寸光阴一寸金，寸金难买寸光阴”还让我感到可怕；也比作文本上的“光阴似箭，日月如梭”更让我觉得⑦有一种说不出的滋味。

时间过得那么⑧飞快，使我的小心眼儿里⑨不只是着急，还有悲伤。有一天我放学回家，看到太阳快落山了，就下决心说：“我要比太阳更快地回家。”我狂奔回去，站在庭院前喘气的时候，看到太阳还露着⑩半边脸，我高兴地跳跃⑪起来，那一天我跑赢了太阳。以后我就时常做那样的游戏，有时和太阳赛跑，有时和西北风比快，有时一个暑假才能做完的作业，我十天就做完了；那时我三年级，常常把哥哥五年级的作业拿来做。每一次比赛胜过时间，我就快乐得不知道怎么⑫形容。

如果将来我有什么要教给我的孩子，我会告诉⑬他：假若你一直和时间比赛，你就可以成功！

节选自林清玄《和时间赛跑》

语音提示

①知道 zhīdao　②安慰 ānwèi
③睡着 shuìzháo　④什么 shénme
⑤这么 zhème　⑥着急 zháojí
⑦觉得 juéde　⑧那么 nàme
⑨心眼儿里 xīnyǎnrli　⑩露着 lòuzhe
⑪跳跃 tiàoyuè　⑫怎么 zěnme
⑬告诉 gàosù

四、命题说话（请在下列话题中任选一个，共 40 分，限时 3 分钟）。

1. 我的假日生活
2. 谈谈个人修养

普通话水平测试题 15

一、读单音节字词（100 个音节，共 10 分，限时 3.5 分钟）。请横向朗读！

摆	瞥	卖	肥	打	踢	内	邻	憋	品
枚	分	党	私	难	略	色	卵	涂	对
方	灭	评	波	泯	破	懂	女	蓝	刮
考	换	鸡	桥	喜	过	垮	荒	家	求
行	怪	款	虹	健	强	需	逛	聚	清
捐	穷	熏	兄	权	制	压	绽	液	阵
优	吃	严	愁	翁	逞	忘	出	闻	垂
为	春	歪	拾	丸	哨	阿	手	额	日
贰	揉	爱	紫	袄	租	岸	擦	恩	测
绝	瓷	军	猜	阳	沧	能	草	跳	所

二、读多音节词语（50 个词语，共 20 分，限时 2.5 分钟）。请横向朗读！

黄瓜	食堂	测验	非常	虽然	听写	如下
聪明	所谓	纳闷儿	恐惧	配合	琼汁	奋力
才学	庸医	秋收	溶化	怎样	聊天儿	羞愧
强项	扑救	胳膊	喧闹	报酬	拐带	环节
女子	烹调	汽船	垮台	八仙	电灯	壮烈
浮雕	率领	胸襟	干活儿	频率	损坏	均匀
老头儿	掐算	准确	决心	姑娘	推广	骏马
冤魂						

三、朗读短文（400 个音节，共 30 分，限时 4 分钟）。

15 号朗读作品

三十年代初，胡适在北京大学任教授。讲课时他常常对白话文大加称赞，引起一些只喜欢①文言文而不喜欢白话文的学生②的不满。

一次，胡适正讲得得意的时候，一位姓魏的学生突然站了起来，生气地问："胡先生，难道说白话文就毫无缺点吗？"胡适微笑着③回答说："没有。"那位学生更加激动了："肯定有！白话文废话太多，打电报用字多，花钱多。"胡适的目光顿时变亮了。轻声地解释说："不一定吧！前几天有位朋友④给我打来电报，请我去政府部门工作，我决定不去，就回电拒绝了。复电是用白话写的，看来也很省字。请同学们根据我这个⑤意思⑥，用文言文写一个回电，看看⑦究竟⑧是白话文省字，还是文言文省字？"胡教授刚说完，同学们立刻认真地写了起来。

十五分钟过去，胡适让同学举手，报告用字的数目，然后挑了一份用字最少的文言电报稿，电文是这样写的：

"才疏学浅，恐难胜任，不堪从命。"白话文的意思是：学问不深，恐怕很难担任这个工作，不能服从安排。

胡适说，这份写得确实不错，仅用了十二个字。但我的白话电报却只用了五个字：

"干不了，谢谢⑨！"

胡适又解释说："干不了"就有才疏学浅、恐难胜任的意思；"谢谢"既对朋友的介绍表示感谢，又有拒绝的意思。所以，废话多不多，并不看它是文言文还是白话文，只要注意选用字词，白话文是可以比文言文更省字的。

节选自陈灼主编《实用汉语中级教程》（上）中《胡适的白话电报》

语音提示

①喜欢 xǐhuan　　②学生 xuésheng

③微笑着 wēixiàozhe　　④朋友 péngyou

⑤这个 zhège　　⑥意思 yìsi

⑦看看 kànkan　　⑧究竟 jiūjìng

⑨谢谢 xièxie

四、命题说话（请在下列话题中任选一个，共 40 分，限时 3 分钟）。

1. 难忘的旅行
2. 谈谈卫生与健康

普通话水平测试题 16

一、读单音节字词（100 个音节，共 10 分，限时 3.5 分钟）。请横向朗读！

女	贼	宣	弱	童	思	驴	略	东	虹
邹	穷	军	邢	兄	远	训	剜	撞	拐
泉	柔	广	堆	怀	短	翁	嫩	胞	垮
吹	吞	蚌	刷	嗑	肥	尼	垒	经	鳃
觉	角	我	阳	价	催	抢	谋	热	腺
额	浮	俩	勤	算	字	尊	仍	野	禁
省	骨	含	槛	疯	止	份	浊	惩	俏

濒	闪	沉	拔	丢	港	靠	鸣	擦	索
理	扒	伤	庙	贰	海	超	拗	坡	百
实	梯	枕	挠	舔	劣	撤	草	乳	苍

二、读多音节词语（50 个词语，共 20 分，限时 2.5 分钟）。请横向朗读！

药材	卡片	武器	专门	爆肚儿	怕羞	仪表
开拓	院子	准确	本色儿	发愣	阴谋	看作
语调	状态	岔道儿	翻脸	盈利	仍旧	担任
抓紧	嘀咕	风琴	瓦解	损伤	革命	曾经
管教	脑髓	云彩	化学	蛤蟆	泥塑	罢工
后边	沉默	奶嘴儿	酿造	怠慢	高中	呼声
热心	山区	从前	下课	参天	月亮	快乐
祝贺						

三、朗读短文（400 个音节，共 30 分，限时 4 分钟）。

16 号朗读作品

很久以前，在一个漆黑的秋天的夜晚，我泛舟在西伯利亚①一条阴森森②的河上。船到一个转弯③处，只见前面黑黢黢④的山峰下面一星火光蓦地⑤一闪。

火光又明又亮，好像就在眼前……

“好啦，谢天谢地！”我高兴地说，“马上就到过夜的地方⑥啦！”

船夫扭头朝身后的火光望了一眼，又不以为然地划起桨来。

“远着呢！”

我不相信他的话，因为火光冲破朦胧⑦的夜色，明明在那儿闪烁。不过船夫是对的，事实上，火光的确还远着呢。

这些黑夜的火光的特点是：驱散黑暗，闪闪发亮，近在眼前，令人神往。乍一看，再划几下就到了……其实却还远着呢！……

我们在漆黑如墨的河上又划了很久。一个个峡谷和悬崖，迎面驶来，又向后移去，仿佛消失在茫茫的远方，而火光却依然停在前头，闪闪发亮，令人神往——依然是这么近，又依然是那么远……

现在，无论是这条被悬崖峭壁⑧的阴影笼罩的漆黑的河流，还是那一星明亮的火光，都经常浮现在我的脑际，在这以前和在这以后，曾有许多火光，似乎近在咫尺⑨，不只使我一人心驰神往。可是生活之河却仍然在那阴森森的两岸之间流着，而火光也依旧非常遥远。因此，必须加劲划桨……

然而⑩，火光啊……毕竟……毕竟就在前头！……

节选自［俄］柯罗连科《火光》，张铁夫译

语音提示

①西伯利亚 xībólìyà　　②阴森森 yīnsēnsēn
③转弯 zhuǎnwān　　④黑黢黢 hēiqūqū
⑤墓地 mùdì　　⑥地方 dìfang
⑦朦胧 ménglóng　　⑧悬崖峭壁 xuányáqiàobì
⑨咫尺 zhǐchǐ　　⑩然而 rán'ér

四、命题说话（请在下列话题中任选一个，共 40 分，限时 3 分钟）。

1. 我喜欢的节日
2. 谈谈对环境保护的认识

普通话水平测试题 17

一、读单音节字词（100 个音节，共 10 分，限时 3.5 分钟）。请横向朗读！

王	掀	卷	折	杂	给	嫩	掂	没	白
喷	浮	桶	狼	开	寸	箕	日	穷	央
冰	丢	女	话	错	创	旧	笑	尧	按
区	说	死	紫	怪	踢	比	标	破	都
俩	快	攒	词	随	张	上	忍	雄	昂
研	月	品	农	宽	宪	袄	命	疑	钉
捏	特	抡	惯	卡	广	怀	怎	翠	搜
赵	锄	视	栓	揉	绝	近	箱	移	穴
掐	翁	新	群	橘	说	谁	吹	苏	贼
河	括	烈	你	跳	早	揣	顺	绒	玄

二、读多音节词语（50 个词语，共 20 分，限时 2.5 分钟）。请横向朗读！

斜线	同盟	青草	胖墩儿	私人	打败	铲除
爽快	瓜分	赞美	旦角儿	壮年	薄荷	掌管
取消	磋商	对头	巧合	委员	皇族	人们
军用	罪证	其他	阁下	略微	做客	温暖
出圈儿	出沟	恒星	老汉	莫非	太阳	成效
假使	贫穷	反映	桌子	包袱	不慎	个头儿
落魄	宣布	钟点儿	遣散	辅佐	炮击	寒流
琵琶						

三、朗读短文（400 个音节，共 30 分，限时 4 分钟）。

17 号朗读作品

对于一个在北平住惯的人，像我，冬天要是不刮风，便觉得是奇迹；济南的冬天是没有风声的。对于一个刚由伦敦回来的人，像我，冬天要能看得见日光，便觉得是怪事；济南的冬天是响晴①的。自然，在热带的地方，日光是永远那么毒，响亮的天气，反有点叫人害怕。可是，在北方的冬天，而能有温晴②的天气，济南真得算个宝地。

设若③单单是有阳光，那也算不了出奇。请闭上眼睛想：一个老城，有山有水，全在天底下晒着阳光，暖和④安适地睡着，只等春风来把它们唤醒⑤，这是不是理想的境界？小山整把济南围了个圈儿，只有北边缺着点口儿。这一圈小山在冬天特别可爱，好像是把济南放在一个小摇篮里，它们安静不动地低声地说："你们放心吧，这儿准保暖和。"真的，济南的人们在冬天是面上含笑的。他们一看那些小山，心中便觉得有了着落⑥，有了依靠。他们由天上看到山上，便不知不觉地想起：明天也许就是春天了吧？这样的温暖，今天夜里山草也许就绿起来了吧？就是这点儿幻想不能一时实现，他们也并不着急⑦，因为这样慈善⑧的冬天，干什么还希望别的呢！

最妙的是下点儿小雪呀。看吧，山上的矮松越发的青黑，树尖上顶着一髻儿⑨白花，好像日本看护妇⑩。山尖全白了，给蓝天镶上一道银边。山坡上，有的地方雪厚点儿，有的地方草色还露着；这样，一道儿白，一道儿暗黄，给山们穿上一件带水纹儿的花衣；看着看着，这件花衣好像被风儿吹动，叫你希望看见一点更美的山的肌肤⑪。等到快日落的时候，微黄的阳光斜射在山腰上，那点薄雪⑫好像忽然害羞，微微露出点粉色。就是下小雪吧，济南是受不住大雪的，那些小山太秀气。

节选自老舍《济南的冬天》

语音提示

①响晴 xiǎngqíng	②温晴 wēnqíng
③设若 shèruò	④暖和 nuǎnhuo
⑤唤醒 huànxǐng	⑥着落 zhuóluò
⑦着急 zháojí	⑧慈善 císhàn
⑨一髻儿 yījìr	⑩看护妇 kānhùfù
⑪肌肤 jīfū	⑫薄雪 bóxuě

四、命题说话（请在下列话题中任选一个，共 40 分，限时 3 分钟）。

1. 我尊敬的人
2. 谈谈服饰

普通话水平测试题 18

一、读单音节字词（100 个音节，共 10 分，限时 3.5 分钟）。请横向朗读！

俩	冲	流	甲	科	洼	挑	阳	二	颖
裙	氛	蔑	哲	乳	丢	朋	舶	皇	怪
厢	君	尊	披	鬼	搔	欢	奇	琼	篷
祠	女	适	疮	庄	敏	潺	脖	聚	惨
火	粱	源	勺	而	性	选	只	若	猴
别	卖	田	岳	讨	刃	努	追	吻	乓
船	情	略	史	姿	怪	牛	窘	法	反
错	啡	容	啼	枯	鸥	贼	吮	抓	仰
嘶	绢	羹	苗	灾	兑	尔	饼	拴	齿
玷	送	莲	虐	要	垢	斜	跑	熊	歪

二、读多音节词语（50 个词语，共 20 分，限时 2.5 分钟）。请横向朗读！

吊桥	裁军	委屈	过半	解散	小孩儿	洗澡
采用	讲究	村子	农民	政策	甚至	轮换
文字	饱和	胸怀	芦苇	枪炮	出圈儿	趣味
玩意儿	黄色	耐热	介于	询问	年岁	应变
评判	变法儿	团长	广州	记录	土产	全国
藏匿	取暖	贫困	兄妹	化学	黑板	百万
随便	相接	着陆	前头	款待	气愤	体重
驾驶						

三、朗读短文（400 个音节，共 30 分，限时 4 分钟）。

18 号朗读作品

纯朴的家乡村边有一条河，曲曲弯弯，河中架一弯石桥，弓样的小桥横跨两岸。

每天，不管是鸡鸣晓月，日丽中天，还是月华泻地，小桥都印下串串足迹[①]，洒落串串汗珠。那是乡亲为了追求多棱[②]的希望，兑现[③]美好的遐想[④]。弯弯小桥，不时荡过轻吟[⑤]低唱，不时露出舒心的笑容。

因而，我稚小的心灵，曾将心声献给小桥：你是一弯银色的新月，给人间普照光辉；你是一把闪亮的镰刀，割刈[⑥]着欢笑的花果；你是一根晃悠悠[⑦]的扁担，挑起[⑧]了彩色的明天！哦，小桥走进我的梦中。

我在漂泊⑨他乡的岁月，心中总涌动⑩着故乡的河水，梦中总看到弓样的小桥。当我访南疆探北国，眼帘闯进座座雄伟的长桥时，我的梦变得丰满了，增添了赤橙黄绿青蓝紫。

三十多年过去，我带着满头霜花回到故乡，第一紧要的便是去看望小桥。

啊！小桥呢？它躲起来了？河中一道长虹，浴着朝霞熠熠⑪闪光。哦，雄浑的大桥敞开胸怀，汽车的呼啸、摩托的笛音、自行车的叮铃，合奏着进行交响乐；南来的钢筋、花布，北往的柑橙、家禽，绘出交流欢悦图……

啊！蜕变⑫的桥，传递了家乡进步的消息，透露了家乡富裕的声音。时代的春风，美好的追求，我蓦地⑬记起儿时唱给小桥的歌，哦，明艳艳的太阳照耀了，芳香甜蜜的花果捧来了，五彩斑斓⑭的岁月拉开了！

我心中涌动的河水，激荡起甜美的浪花。我仰望一碧蓝天，心底轻声呼喊：家乡的桥啊，我梦中的桥！

节选自郑莹《家乡的桥》

语音提示

①足迹 zújì	②多棱 duōléng
③兑现 duìxiàn	④遐想 xiáxiǎng
⑤轻吟 qīngyín	⑥割刈 gēyì
⑦晃悠悠 huàngyōuyōu	⑧挑起 tiāoqǐ
⑨漂泊 piāobó	⑩涌动 yǒngdòng
⑪熠熠 yìyì	⑫蜕变 tuìbiàn
⑬蓦地 mòdì	⑭斑斓 bānlán

四、命题说话（请在下列话题中任选一个，共 40 分，限时 3 分钟）。

1. 童年的记忆
2. 谈谈卫生与健康

普通话水平测试题 19

一、读单音节字词（100 个音节，共 10 分，限时 3.5 分钟）。请横向朗读！

存	吱	收	哇	寞	二	松	巡	土	快
需	沏	泼	四	沸	若	砸	测	醇	热
艘	踪	郁	坏	窘	感	斥	秽	诫	听
梗	壁	糙	且	标	烁	踢	梁	儒	奋
环	亮	用	铭	甲	摒	枪	垮	嫩	全
星	脏	况	软	肯	虐	楞	驯	段	固

陋	女	丢	歪	廖	税	涵	察	穷	而
辩	靠	戳	免	妆	破	灭	韵	材	玩
凤	微	牛	贫	释	俩	现	贼	瓢	滨
房	岛	约	倦	花	却	乖	状	值	雕

二、读多音节词语（50 个词语，共 20 分，限时 2.5 分钟）。请横向朗读！

翡翠	否定	宣战	快活	了解	脑袋	罢工
阳伞	气象	墨水儿	锐角	夹层	类推	容忍
百货	陨灭	磷酸	玩意儿	采访	产品	争论
确实	奖券	几何	制造	衰竭	耳朵	同学
夸张	朋友	儿女	匪徒	凶犯	窗户	留念
狠心	破产	可怜	华夏	排球	刁钻	苏醒
导语	徇私	稿子	永远	老头儿	南方	冰棍儿
麻雀						

三、朗读短文（400 个音节，共 30 分，限时 4 分钟）。

19 号朗读作品

三百多年前，建筑设计师莱伊恩[①]受命设计了英国温泽市政府大厅。他运用工程力学的知识[②]，依据自己多年的实践，巧妙地设计了只用一根柱子支撑的大厅天花板。一年以后，市政府权威人士进行工程验收时，却说只用一根柱子支撑天花板太危险，要求莱伊恩再多加几根柱子。

莱伊恩自信只要一根坚固的柱子足以保证大厅安全，他的“固执[③]”惹恼了市政官员，险些被送上法庭。他非常苦恼，坚持自己原先的主张吧，市政官员肯定会另找人修改设计；不坚持吧，又有悖[④]自己为人的准则。矛盾了很长一段时间，莱伊恩终于想出[⑤]了一条妙计，他在大厅里增加了四根柱子，不过这些柱子并未与天花板接触，只不过是装装[⑥]样子。

三百多年过去了，这个[⑦]秘密始终没有被人发现。直到前两年，市政府准备修缮[⑧]大厅的天花板，才发现莱伊恩当年的“弄虚作假”。消息传出后，世界各国的建筑专家和游客云集，当地政府对此也不加掩饰，在新世纪到来之际，特意将大厅作为一个旅游景点对外开放，旨在引导人们崇尚[⑨]和相信科学。

作为一名建筑师，莱伊恩并不是最出色的。但作为一个人，他无疑非常伟大，这种伟大表现在他始终恪守[⑩]着自己的原则，给高贵的心灵一个美丽的住所，哪怕是遭遇到最大的阻力，也要想办法抵达胜利。

节选自游宇明《坚守你的高度》

语音提示

①莱伊恩 Láiyī'ēn　　②知识 zhīshi

③固执 gùzhi　　④有悖 yǒubèi

⑤想出 xiǎngchū　　⑥装装 zhuāngzhuang

⑦这个 zhège　　⑧修缮 xiūshàn

⑨崇尚 chóngshàng　　⑩恪守 kèshǒu

四、命题说话（请在下列话题中任选一个，共 40 分，限时 3 分钟）。

1. 我的家乡（或熟悉的地方）

2. 谈谈社会公德（或职业道德）

普通话水平测试题 20

一、读单音节字词（100 个音节，共 10 分，限时 3.5 分钟）。请横向朗读！

妨	唇	破	尺	仍	洒	彬	童	褥	侄
犬	谢	汾	冶	迂	捧	撕	扑	绵	次
晾	公	鹊	时	环	累	窗	啼	奏	吮
约	铐	沼	站	翩	佩	菌	驼	顿	麦
饵	猪	坐	餐	森	洲	卷	你	玻	女
花	常	俩	匈	拿	由	冕	税	备	日
窘	子	所	求	凯	悯	咱	租	巡	槽
兑	违	鳖	姐	怪	测	墙	呆	港	潦
嗡	换	抓	俄	戳	型	鼎	我	狂	铝
剽	婴	痛	丢	罚	牛	口	卫	磺	扑

二、读多音节词语（50 个词语，共 20 分，限时 2.5 分钟）。请横向朗读！

日程	快乐	作家	表扬	暖和	沿边儿	准确
再见	愿望	学费	胜利	山脉	裙子	人们
皮肤	难怪	安静	家庭	墨水儿	耐用	乐队
专长	一心	胸怀	忘却	退休	损坏	说法
求得	谱曲	捏造	偶尔	色彩	人质	钟点
挨个儿	八卦	草丛	颤音	当票	非分	关节
河口	茴香	锦缎	恐慌	垒球	论说	木耳
神权						

三、朗读短文（400 个音节，共 30 分，限时 4 分钟）。

20 号朗读作品

自从传言有人在萨文河畔[①]散步时无意发现了金子后，这里便常有来自四面八方的淘金者。他们都想成为富翁，于是寻遍了整个河床，还在河床上挖出很多大坑，希望借助它们找到更多的金子。的确，有一些人找到了，但另外一些人因为一无所得而只好扫兴归去。

也有不甘心落空的，便驻扎[②]在这里[③]，继续寻找。彼得·弗雷特[④]就是其中一员。他在河床附近买了一块没人要的土地，一个人默默地[⑤]工作。他为了找金子，已把所有的钱都押在这块土地上。他埋头苦干了几个月，直到土地全变成了坑坑洼洼，他失望了——他翻遍了整块土地，但连一丁点儿[⑥]金子都没看见。

六个月后，他连买面包的钱都没有了。于是他准备离开这儿[⑦]到别处去谋生[⑧]。

就在他即将离去的前一个晚上，天下起了倾盆[⑨]大雨，并且一下就是三天三夜。雨终于停了，彼得走出小木屋，发现眼前的土地看上去好像和以前不一样：坑坑洼洼已被大水冲刷平整，松软的土地上长出一层绿茸茸[⑩]的小草。

“这里没找到金子，”彼得忽有所悟地说，“但这土地很肥沃，我可以用来种花，并且拿到镇上去卖给那些富人，他们一定会买些花装扮他们华丽的客厅。如果真是这样的话，那么[⑪]我一定会赚许多钱。有朝一日我也会成为富人……”

于是他留了下来。彼得花了不少精力培育花苗，不久田地里长满了美丽娇艳的各色鲜花。

五年以后，彼得终于实现了他的梦想——成了一个富翁。“我是唯一的一个找到真金的人！”他时常不无骄傲地告诉[⑫]别人，“别人[⑬]在这儿找不到金子后便远远地离开，而我的‘金子’是在这块土地里，只有诚实的人用勤劳才能采集到。”

节选自陶猛译《金子》

语音提示

①河畔 hépàn　　②驻扎 zhùzhā
③这里 zhèli　　④弗雷特 Fúléitè
⑤默默地 mòmòde　　⑥一丁点儿 yīdīngdiǎnr
⑦这儿 zhèr　　⑧谋生 móushēng
⑨倾盆 qīngpén　　⑩绿茸茸 lùróngróng 或 lùrōngrōng
⑪那么 nàme　　⑫告诉 gàosù
⑬别人 biérén

四、命题说话（请在下列话题中任选一个，共 40 分，限时 3 分钟）。

1. 我的学习生活
2. 谈谈服饰

（杨馨　田荆华　徐蓓）

第八章　朗读练习[1]

21号朗读作品

我在加拿大学习期间遇到过两次募捐，那情景至今使我难以忘怀。

一天，我在渥太华①的街上被两个男孩子拦住去路。他们十来岁。穿得整整齐齐，每人头上戴着个做工精巧、色彩鲜艳的纸帽，上面写着“为帮助患小儿麻痹②的伙伴募捐”。其中的一个，不由分说就坐在小凳上给我擦起皮鞋来，另一个则彬彬有礼地发问：“小姐，您是哪国人？喜欢渥太华吗？”“小姐，在你们国家有没有小孩儿③患小儿麻痹？谁给他们医疗费？”一连串的问题，使我这个有生以来头一次在众目睽睽④之下让别人⑤擦鞋的异乡人，从近乎狼狈的窘态中解脱出来。我们像朋友一样聊起天来……

几个月之后，也是在街上。一些十字路口处或车站坐着几位老人。他们满头银发，身穿各种老式军装，上面布满了大大小小形形色色的徽章、奖章，每人手捧一大束鲜花，有水仙、石竹、玫瑰⑥及叫不出名字的，一色⑦雪白。匆匆过往的行人纷纷止步，把钱投进这些老人身旁的白色木箱内，然后向他们微微鞠躬，从他们手中接过一朵花。我看了一会儿⑧，有人投一两元，有人投几百元，还有人掏出支票填好后投进木箱。那些老军人毫不注意人们捐多少钱，一直不停地向人们低声道谢。同行的朋友告诉我，这是为纪念二次大战中参战的勇士，募捐救济残废军人和烈士遗孀⑨，每年一次；认捐的人可谓踊跃⑩，而且秩序井然，气氛庄严。有些地方⑪，人们还耐心地排着队。我想，这是因为他们都知道⑫：正是这些老人们的流血⑬牺牲换来了包括他们信仰自由在内的许许多多。

我两次把那微不足道的一点儿钱捧给他们，只想对他们说声“谢谢⑭”。

节选自青白《捐诚》

语音提示

①渥太华 Wòtàihuá	②麻痹 mábì
③小孩儿 xiǎoháir	④睽睽 kuíkuí
⑤别人 biérén	⑥玫瑰 méiguī
⑦一色 yísè	⑧一会儿 yíhuìr
⑨遗孀 yíshuāng	⑩踊跃 yǒngyuè
⑪地方 dìfang	⑫知道 zhīdao
⑬流血 liúxuè	⑭谢谢 xièxie

[1] 本章中的朗读作品编号均为《普通话水平测试用朗读作品》的编号，其中有少量作品未收入本书。

22 号朗读作品

没有一片绿叶，没有一缕炊烟，没有一粒泥土，没有一丝花香，只有水的世界，云的海洋。

一阵台风袭过，一只孤单的小鸟无家可归，落到被卷到洋里的木板上，乘[①]流而下，姗姗而来，近了，近了！……

忽然，小鸟张开翅膀[②]，在人们头顶盘旋了几圈儿，“噗啦[③]”一声落到了船上。许是累了？还是发现了“新大陆”？水手撵[④]它，它不走，抓它，它乖乖地[⑤]落在掌心。可爱的小鸟和善良的水手结成了朋友。

瞧，它多美丽，娇巧的小嘴，啄[⑥]理着绿色的羽毛，鸭子样的扁脚，呈现出春草的鹅黄。水手们把它带到舱里，给它“搭铺”，让它在船上安家落户，每天，把分到的一塑料桶淡水匀给它喝，把从祖国带来的鲜美的鱼肉分给它吃，天长日久，小鸟和水手的感情日趋笃厚[⑦]。清晨，当第一束[⑧]阳光射进舷窗[⑨]时，它便敞开美丽的歌喉，唱啊唱，嘤嘤有韵，宛如春水淙淙[⑩]。人类给它以生命，它毫不悭吝[⑪]地把自己的艺术青春奉献给了哺育[⑫]它的人。可能都是这样？艺术家们的青春只会献给尊敬他们的人。

小鸟给远航生活蒙上了一层浪漫色调，返航时，人们爱不释手，恋恋不舍地想把它带到异乡。可小鸟憔悴[⑬]了，给水，不喝！喂肉，不吃！油亮的羽毛失去了光泽。是啊，我们有自己的祖国，小鸟也有它的归宿，人和动物都是一样啊，哪儿也不如故乡好！

慈爱的水手们决定放开它，让它回到大海的摇篮去，回到蓝色的故乡去。离别前，这个大自然的朋友与水手们留影纪念。它站在许多人的头上，肩上，掌上，胳膊[⑭]上，与喂养过它的人们，一起融进那蓝色的画面……

节选自王文杰《可爱的小鸟》

语音提示

①乘 chéng	②翅膀 chìbǎng
③噗啦 pūlā	④撵 niǎn
⑤乖乖地 guāiguāide	⑥啄 zhuó
⑦笃厚 dǔhòu	⑧束 shù
⑨舷窗 xiánchuāng	⑩淙淙 cóngcóng
⑪悭吝 qiānlìn	⑫哺育 bǔyù
⑬憔悴 qiáocuì	⑭胳膊 gēbo

23 号朗读作品

纽约的冬天常有大风雪，扑面的雪花不但令人难以睁开眼睛，甚至呼吸都会吸入冰冷的雪花。有时前一天晚上还是一片晴朗，第二天拉开窗帘，却已经积雪盈尺[①]，连门都推不开了。

遇到这样的情况，公司、商店常会停止上班，学校也通过广播，宣布停课。但令人不解的是，惟有公立小学，仍然[2]开放。只见黄色的校车，艰难地在路边接孩子，老师则一大早就口中喷着热气，铲去车子前后的积雪，小心翼翼地开车去学校。

据统计，十年来纽约的公立小学只因为[3]超级暴风雪停过七次课。这是多么令人惊讶的事。犯得着[4]在大人都无须上班的时候让孩子去学校吗？小学的老师也太倒霉了吧？

于是，每逢大雪而小学不停课时，都有家长打电话去骂。妙的是，每个打电话的人，反应全一样——先是怒气冲冲地责问，然后满口道歉，最后笑容满面地挂上电话。原因是，学校告诉家长：

在纽约有许多百万富翁，但也有不少贫困的家庭。后者白天开不起暖气，供不起[5]午餐，孩子的营养全靠学校里免费的中饭，甚至可以多拿些回家当晚餐[6]。学校停课一天，穷孩子就受一天冻，挨一天饿，所以老师们宁愿[7]自己苦一点儿，也不能停课。

或许有家长会说：何不让富裕的孩子在家里，让贫穷的孩子去学校享受暖气和营养午餐呢？

学校的答复[8]是：我们不愿让那些穷苦的孩子感到他们是在接受救济，因为施舍的最高原则是保持受施者的尊严。

节选自刘墉《课不能停》

语音提示

①盈尺 yíngchǐ　　②仍然 réngrán
③因为 yīnwèi　　④犯得着 fàndezháo
⑤供不起 gōngbuqǐ　　⑥当晚餐 dàngwǎncān
⑦宁愿 nìngyuàn　　⑧答复 dáfù

24 号朗读作品

十年，在历史上不过是一瞬间[1]。只要稍加注意，人们就会发现：在这一瞬间里，各种事物都悄悄[2]经历了自己的千变万化。

这次重新访日，我处处感到亲切和熟悉，也在许多方面发觉[3]了日本的变化。就拿奈良的一个角落[4]来说吧，我重游了为之感受很深的唐招提寺，在寺内各处匆匆走了一遍，庭院依旧，但意想不到还看到了一些新的东西。其中之一，就是近几年从中国移植来的“友谊之莲”。

在存放鉴真遗像的那个院子里，几株中国莲昂然[5]挺立，翠绿的宽大荷叶正迎风而舞，显得十分愉快[6]。开花的季节已过，荷花朵朵已变为莲蓬累累[7]。莲子的颜色正在由青转紫，看来已经成熟了。

我禁不住[8]想：“因”已转化为“果”。

中国的莲花开在日本，日本的樱花开在中国，这不是偶然[9]。我希望这样一种盛况延续不衰。可能有人不欣赏花，但决不会有人欣赏落在自己面前的炮弹。

在这些日子里，我看到了不少多年不见的老朋友，又结识[10]了一些新朋友。大家喜欢涉及的话题[11]之一，就是古长安和古奈良。那还用得着问吗，朋友们缅怀过去，正是瞩望[12]未来。瞩目于未来的人们必将获得未来。

我不例外，也希望一个美好的未来。

为了中日人民之间的友谊，我将不浪费今后生命的每一瞬间。

节选自闫文井《莲花和樱花》

语音提示

①瞬间 shùnjiān　②悄悄 qīaoqīao

③发觉 fājué　④角落 jiǎoluò

⑤昂然 ángrán　⑥愉快 yúkuài

⑦累累 léiléi　⑧禁不住 jīnbuzhù

⑨偶然 ǒurán　⑩结识 jiéshí

⑪话题 huàtí　⑫瞩望 zhǔwàng

25 号朗读作品

梅雨潭闪闪的绿色招引着我们，我们开始追捉她那离合的神光了。揪[1]着草，攀着乱石，小心探身下去，又鞠躬[2]过了一个石穹门[3]，便到了汪汪一碧的潭边了。

瀑布在襟袖[4]之间，但是我的心中已没有瀑布了。我的心随潭水的绿而摇荡。那醉人的绿呀！仿佛一张极大极大的荷叶铺着，满是奇异的绿呀。我想张开两臂抱住她，但这是怎样[5]一个妄想啊。

站在水边，望到那面，居然[6]觉着有些远呢！这平铺着，厚积着的绿，着实可爱。她松松地皱缬[7]着，像少妇拖着的裙幅[8]；她滑滑的明亮着，像涂了"明油"一般，有鸡蛋清那样软，那样嫩；她又不杂些尘滓[9]，宛然一块温润的碧玉，只清清的一色——但你却看不透她！

我曾见过北京什刹海[10]拂地的绿杨，脱不了鹅黄的底子，似乎太淡了。我又曾见过杭州虎跑寺[11]近旁高峻而深密的"绿壁"，丛叠着无穷的碧草与绿叶的，那又似乎太浓了。其余呢，西湖的波太明了，秦淮河的也太暗了。可爱的，我将什么来比拟你呢？我怎么比拟[12]得出呢？大约潭是很深的，故能蕴蓄[13]着这样奇异的绿；仿佛蔚蓝的天融了一块在里面似的[14]，这才这般的鲜润啊。

那醉人的绿呀！我若能裁你以为带，我将赠给那轻盈的舞女，她必能临风飘举了。我若能挹[15]你以为眼，我将赠给那善歌的盲妹，她必能明眸善睐[16]了。我舍不得你，我怎舍得你呢？我用手拍着你，抚摩[17]着你，如同一个十二三岁的小姑娘。我又掬[18]你入口，便是吻着她了。我送你一个名字，我从此叫你"女儿绿"，好吗？

第二次到仙岩的时候，我不禁惊诧[19]于梅雨潭的绿了。

节选自朱自清《绿》

语音提示

①揪 jiū　②鞠躬 jūgōng
③石穹门 shíqióngmén　④襟袖 jīnxiù
⑤怎样 zěnyàng　⑥居然 jūrán
⑦皱缬 zhòuxié　⑧裙幅 qúnfú
⑨尘滓 chénzǐ　⑩什刹海 Shíchàhǎi
⑪虎跑寺 Hǔpáosì　⑫比拟 bǐnǐ
⑬蕴蓄 yùnxù　⑭似的 shìde
⑮挹 yì　⑯明眸善睐 míngmóushànlài
⑰抚摩 fǔmó　⑱掬 jū
⑲惊诧 jīngchà

26 号朗读作品

我们家的后园有半亩空地[①]，母亲说："让它荒着怪可惜的，你们那么[②]爱吃花生，就开辟[③]出来种花生吧。"我们姐弟几个都很高兴，买种，翻地，播种[④]，浇水，没过几个月，居然收获了。

母亲说："今晚我们过一个收获节，请你们父亲也来尝尝[⑤]我们的新花生，好不好?"我们都说好。母亲把花生做成了好几样食品，还吩咐[⑥]就在后园的茅亭里过这个节。

晚上[⑦]天色不太好，可是父亲也来了，实在很难得。

父亲说："你们爱吃花生吗?"

我们争着答应："爱!"

"谁能把花生的好处说出来?"

姐姐说："花生的味美。"

哥哥说："花生可以榨油。"

我说："花生的价钱[⑧]便宜[⑨]，谁都可以买来吃，都喜欢吃。这就是它的好处。"

父亲说："花生的好处很多，有一样最可贵，它的果实埋在地里[⑩]，不像桃子、石榴、苹果那样，把鲜红嫩绿的果实高高地[⑪]挂在枝头上，使人一见就生爱慕之心。你们看它矮矮地长在地上，等到成熟了，也不能立刻分辨出来它有没有果实，必须挖出来才知道[⑫]。"

我们都说是，母亲也点点头。

父亲接下去说："所以你们要像花生，它虽然不好看，可是很有用，不是外表好看而没有实用的东西。"

我说："那么，人要做有用的人，不要做只讲体面[⑬]，而对别人[⑭]没有好处的人了。"

父亲说："对。这是我对你们的希望。"

我们谈到深夜才散。花生做的食品都吃完了，父亲的话却深深地印在我的心上。

节选自许地山《落花生》

语音提示

①空地 kòngdì　②那么 nàme
③开辟 kāipì　④播种 bōzhǒng
⑤尝尝 chángchang　⑥吩咐 fēnfu
⑦晚上 wǎnshang　⑧价钱 jiàqian
⑨便宜 piányi　⑩地里 dìli
⑪高高地 gāogāode　⑫知道 zhīdào
⑬体面 tǐmiàn　⑭别人 biérén

27 号朗读作品

我打猎归来，沿着花园的林阴[①]路走着。狗跑在我前边。

突然，狗放慢脚步，蹑足潜行[②]，好像嗅到了前边有什么野物。

我顺着林阴路望去，看见了一只嘴边还带黄色、头上生着柔毛的小麻雀。风猛烈地吹打着林阴路上的白桦[③]树，麻雀从巢里跌落下来，呆呆地伏在地上，孤立无援地张开两只羽毛还未丰满的小翅膀。

我的狗慢慢向它靠近。忽然，从附近一棵树上飞下一只黑胸脯的老麻雀，像一颗石子似的[④]落到狗的跟前。老麻雀全身倒竖着羽毛，惊慌万状，发出绝望、凄惨的叫声，接着向露出[⑤]牙齿、大张着的狗嘴扑去。

老麻雀是猛扑下来救护幼雀的。它用身体掩护着自己的幼儿……但它整个小小的身体因恐怖而战栗[⑥]着，它小小的声音也变得粗暴嘶哑，它在牺牲自己！

在它看来，狗该是多么庞大的怪物啊！然而[⑦]，它还是不能站在自己高高的、安全的树枝上……一种比它的理智更强烈的力量，使它从那儿扑下身来。

我的狗站住了，向后退了退……看来，它也感到这种力量。

我赶紧唤住惊惶失措的狗，然后我怀着崇敬的心情，走开了。

是啊，请不要见笑。我崇敬那只小小的、英勇的鸟儿[⑧]，我崇敬[⑨]它那种爱的冲动和力量。

爱，我想，比死和死的恐惧更强大。只有依靠它，依靠这种爱，生命才能维持[⑩]下去，发展下去。

节选自［俄］屠格涅夫《麻雀》，巴金译

语音提示

①林阴 línyīn　②蹑足潜行 nièzúqiánxíng
③白桦 báihuà　④似的 shìde

⑤露出 lòuchū　　⑥战栗 zhànlì
⑦然而 rán'ér　　⑧鸟儿 niǎo'er
⑨崇敬 chóngjìng　　⑩维持 wéichí

28 号朗读作品

那年我六岁。离我家仅一箭之遥的小山坡旁，有一个早已被废弃的采石场，双亲从来不准我去那儿①，其实那儿风景十分迷人。

一个夏季的下午，我随着一群小伙伴偷偷上那儿去了。就在我们穿越了一条孤寂的小路后，他们却把我一个人留在原地，然后奔向“更危险的地带”了。

等他们走后，我惊慌失措②地发现，再也找不到要回家的那条孤寂的小道了。像只无头的苍蝇，我到处乱钻，衣裤上挂满了芒刺。太阳已落山，而此时此刻，家里一定开始吃晚餐了，双亲正盼着我回家……想着想着，我不由得背靠着一棵树，伤心地呜呜大哭起来……

突然，不远处传来了声声柳笛。我像找到了救星，急忙循声③走去。一条小道边的树桩上坐着一位吹笛人，手里还正削④着什么⑤。走近细看，他不就是被大家称为“乡巴佬儿”的卡廷⑥吗？

“你好，小家伙⑦儿，”卡廷说，“看天气多美，你是出来散步的吧？”

我怯生生⑧地点点头，答道：“我要回家了。”

“请耐心等上几分钟，”卡廷说，“瞧，我正在削一支柳笛，差不多就要做好了，完工后就送给你吧！”

卡廷边削边不时把尚未成形的柳笛放在嘴里试吹一下。没过多久，一支柳笛便递到我手中。我俩在一阵阵清脆悦耳的笛音中，踏上了归途……

当时，我心中只充满感激，而今天，当我自己也成了祖父时，却突然领悟到他用心之良苦！那天当他听到我的哭声时，便判定我一定迷了路，但他并不想在孩子面前扮演“救星”的角色⑨，于是吹响柳笛以便让我能发现他，并跟着他走出困境！就这样，卡廷先生⑩以乡下人的纯朴，保护了一个小男孩儿强烈的自尊。

节选自唐若水译《迷途笛音》

语音提示

①那儿 nàr　　②惊慌失措 jīnghuāngshīcuò
③循声 xúnshēng　　④削 xiāo
⑤什么 shénme　　⑥卡廷 Kǎtíng
⑦小家伙 xiǎojiāhuo　　⑧怯生生 qièshēngshēng
⑨角色 juésè　　⑩先生 xiānsheng

29号朗读作品

在浩瀚无垠[①]的沙漠里，有一片美丽的绿洲，绿洲里藏着一颗闪光的珍珠。这颗珍珠就是敦煌莫高窟。它坐落在我国甘肃省敦煌市三危山和鸣沙山的怀抱中。

鸣沙山东麓[②]是平均高度为十七米的崖壁[③]。在一千六百多米长的崖壁上，凿有大小洞窟七百余个，形成了规模宏伟的石窟群。其中四百九十二个洞窟中，共有彩色塑像两千一百余尊，各种壁画共四万五千多平方米。莫高窟是我国古代无数艺术匠师留给人类的珍贵[④]文化遗产。

莫高窟的彩塑，每一尊都是一件精美的艺术品。最大的有九层楼那么高，最小的还不如一个手掌大。这些彩塑个性鲜明，神态各异。有慈眉善目的菩萨，有威风凛凛[⑤]的天王，还有强壮勇猛的力士……

莫高窟壁画的内容丰富多彩，有的是描绘古代劳动人民打猎、捕鱼、耕田、收割的情景，有的是描绘人们奏乐、舞蹈、演杂技的场面，还有的是描绘大自然的美丽风光。其中最引人注目的是飞天。壁画上的飞天，有的臂挎花篮，采摘鲜花；有的反弹琵琶[⑥]，轻拨银弦[⑦]；有的倒悬身子，自天而降；有的彩带飘拂，漫天遨游[⑧]；有的舒展着双臂，翩翩[⑨]起舞。看着这些精美动人的壁画，就像走进了灿烂辉煌的艺术殿堂。

莫高窟里还有一个面积不大的洞窟——藏经洞。洞里曾藏有我国古代的各种经卷、文书、帛画、刺绣、铜像等共六万多件。由于清朝政府腐败无能，大量珍贵的文物被外国强盗掠走[⑩]。仅存的部分经卷，现在陈列于北京故宫等处。

莫高窟是举世闻名的艺术宝库。这里的每一尊彩塑、每一幅壁画、每一件文物，都是中国古代人民智慧的结晶。

节选自小学《语文》第六册中《莫高窟》

语音提示

①无垠 wúyín　　②东麓 dōnglù

③崖壁 yábì　　④珍贵 zhēnguì

⑤凛凛 lǐnlǐn　　⑥琵琶 pípa

⑦银弦 yínxián　　⑧遨游 áoyóu

⑨翩翩 piānpiān　　⑩掠走 lüèzǒu

30号朗读作品

其实你在很久以前并不喜欢牡丹，因为[①]它总被人作为富贵膜拜[②]。后来你目睹了一次牡丹的落花，你相信所有的人都会为之感动：一阵清风徐来，娇艳鲜嫩的盛期牡丹忽然整朵整朵地坠落，铺撒一地绚丽的花瓣。那花瓣落地时依然鲜艳夺目，如同一只奉上祭坛的大鸟脱落的羽毛，低吟[③]着壮烈的悲歌离去。

牡丹没有花谢花败之时，要么烁于枝头[④]，要么归于泥土，它跨越委顿[⑤]和衰老，由青春而死亡，由美丽而消遁[6]。它虽美却不吝惜[7]生命，即使告别也要展示给人最后一次的惊心动魄。

所以在这阴冷的四月里，奇迹不会发生。任凭游人扫兴和诅咒[8]，牡丹依然安之若素。它不苟且[9]、不俯就[10]、不妥协[11]、不媚俗[12]，甘愿自己冷落自己。它遵循自己的花期自己的规律，它有权利为自己选择每年一度的盛大节日。它为什么不拒绝寒冷？

天南海北的看花人，依然络绎不绝地涌入洛阳城。人们不会因牡丹的拒绝而拒绝它的美。如果它再被贬谪[13]十次，也许它就会繁衍[14]出十个洛阳牡丹城。

于是你在无言的遗憾中感悟到，富贵与高贵只是一字之差。同人一样，花儿也是有灵性的，更有品位之高低。品位这东西为气为魂为筋骨为神韵，只可意会。你叹服牡丹卓尔不群之姿，方知品位是多么容易被世人忽略或是漠视的美。

节选自张抗抗《牡丹的拒绝》

语音提示

①因为 yīnwèi　　②膜拜 móbài

③低吟 dīyín　　④烁于枝头 shuòyúzhītóu

⑤委顿 wěidùn　　⑥消遁 xiāodùn

⑦吝惜 lìnxī　　⑧诅咒 zǔzhòu

⑨苟且 gǒuqiě　　⑩俯就 fǔjiù

⑪妥协 tuǒxié　　⑫媚俗 mèisú

⑬贬谪 biǎnzhé　　⑭繁衍 fányǎn

31 号朗读作品

森林[1]涵养[2]水源，保持水土，防止水旱灾害的作用非常大。据专家测算，一片十万亩面积的森林，相当于一个两百万立方米的水库，这正如农谚[3]所说的：“山上多栽树，等于修水库。雨多它能吞，雨少它能吐。”

说起森林的功劳，那还多得很。它除了为人类提供[4]木材及许多种生产、生活的原料之外，在维护生态环境方面也是功劳卓著[5]。它用另一种“能吞能吐”的特殊功能孕育[6]了人类。因为地球在形成之初，大气中的二氧化碳含量很高，氧气很少，气温也高，生物是难以生存的。大约在四亿年之前，陆地才产生了森林。森林慢慢[7]将大气中的二氧化碳吸收，同时吐出新鲜[8]氧气，调节[9]气温：这才具备了人类生存的条件，地球上才最终有了人类。

森林，是地球生态系统的主体，是大自然的总调度室，是地球的绿色之肺。森林维护地球生态环境的这种“能吞能吐”的特殊功能是其他任何物体都不能取代的。然而，由于地球上的燃烧物增多，二氧化碳的排放量急剧增加，使得地球生态环境急剧恶化，主要表现为全球气候变暖，水分蒸发加快，改变了气流的循环[10]，使气候变化加剧，从而引发热浪、飓风[11]、暴雨、洪涝[12]及干旱。

为了使地球的这个“能吞能吐”的绿色之肺恢复健壮，以改善生态环境，抑制[13]全球变暖，减少水旱等自然灾害，我们应该大力造林、护林，使每一座荒山都绿起来。

节选自《中考语文课外阅读试题精选》中《“能吞能吐”的森林》

语音提示

①森林 sēnlín　②涵养 hányǎng
③农谚 nóngyàn　④提供 tígōng
⑤卓著 zhuózhù　⑥孕育 yùnyù
⑦慢慢 mànmàn　⑧新鲜 xīnxiān
⑨调节 tiáojié　⑩循环 xúnhuán
⑪飓风 jùfēng　⑫洪涝 hónglào
⑬抑制 yìzhì

32 号朗读作品

朋友即将[1]远行。

暮春时节，又邀了几位朋友在家小聚，虽然都是极熟[2]的朋友[3]，却是终年难得一见，偶尔[4]电话里相遇，也无非是几句寻常话。一锅小米稀饭，一碟大头菜，一盘自家酿制的泡菜，一只巷口[5]买回的烤鸭，简简单单，不像请客，倒像家人团聚。

其实，友情也好，爱情也好，久而久之[6]都会转化为亲情。

说也奇怪，和新朋友会谈文学、谈哲学、谈人生道理等等，和老朋友却只话家常，柴米油盐，细细碎碎，种种琐事。很多时候，心灵的契合[7]已经不需要太多的言语来表达。

朋友新烫了个头，不敢回家见母亲，恐怕惊骇[8]了老人家，却欢天喜地来见我们，老朋友颇能以一种趣味性的眼光欣赏这个改变。

年少的时候，我们差不多都在为别人而活，为苦口婆心的父母活，为循循善诱[9]的师长活，为许多观念、许多传统的约束力而活。年岁逐增[10]，渐渐挣脱[11]外在的限制与束缚[12]，开始懂得为自己活，照自己的方式做一些自己喜欢的事，不在乎别人的批评意见，不在乎别人的诋毁[13]流言，只在乎那一分随心所欲的舒坦自然。偶尔，也能够纵容自己放浪一下，并且有一种恶作剧的窃喜[14]。

就让生命顺其自然，水到渠成吧，犹如[15]窗前的乌桕[16]，自生自落之间，自有一份圆融丰满的喜悦。春雨轻轻落着，没有诗，没有酒，有的只是一份相知相属的自在自得。

夜色在笑语中渐渐沉落，朋友起身告辞，没有挽留，没有送别，甚至也没有问归期。

已经过了大悲大喜的岁月，已经过了伤感流泪的年华，知道了聚散原来是这样的自然和顺理成章，懂得这点，便懂得珍惜每一次相聚的温馨，离别便也欢喜。

节选自杏林子《朋友和其他》

语音提示

①即将 jíjiāng　　②极熟 jíshú
③朋友 péngyou　　④偶尔 ǒu'ěr
⑤巷口 xiàngkǒu　　⑥久而久之 jiǔ'érjiǔzhī
⑦契合 qìhé　　⑧惊骇 jīnghài
⑨循循善诱 xúnxúnshànyòu
⑩年岁逐增 niánsuìzhúzēng
⑪挣脱 zhēngtuō　　⑫束缚 shùfù
⑬诋毁 dǐhuǐ　　⑭窃喜 qièxǐ
⑮犹如 yóurú　　⑯乌桕 wūjiù

33 号朗读作品

我们在田野[①]散步[②]：我，我的母亲[③]，我的妻子和儿子。

母亲本不愿出来的。她老了，身体不好，走远一点儿就觉得很累。我说，正因为如此，才应该多走走。母亲信服地点点头，便去拿外套。她现在很听我的话，就像我小时候很听她的话一样。

这南方初春的田野，大块小块的新绿随意地铺着，有的浓，有的淡，树上的嫩芽[④]也密了，田里的冬水也咕咕[⑤]地起着水泡。这一切都使人想着一样东西——生命。

我和母亲走在前面，我的妻子和儿子走在后面。小家伙[⑥]突然叫起来："前面是妈妈和儿子，后面也是妈妈和儿子。"我们都笑了。

后来发生了分歧：母亲要走大路，大路平顺；我的儿子要走小路，小路有意思。不过，一切都取决于我。我的母亲老了，她早已习惯听从她强壮的儿子；我的儿子还小，他还习惯听从他高大的父亲；妻子呢，在外面，她总是听我的。一霎时[⑦]我感到了责任[⑧]的重大。我想找一个两全的办法，找不出；我想拆散[⑨]一家人，分成两路，各得其所[⑩]，终不愿意。我决定[⑪]委屈[⑫]儿子，因为我伴同他的时日还长。我说："走大路。"

但是母亲摸摸孙儿[⑬]的小脑瓜儿[⑭]，变了主意[⑮]："还是走小路吧。"她的眼随小路望去：那里有金色的菜花，两行整齐的桑树，尽头一口水波粼粼[⑯]的鱼塘[⑰]。"我走不过去的地方，你就背着我。"母亲对我说。

这样，我们在阳光下，向着那菜花、桑树和鱼塘走去。到了一处，我蹲下来，背起[⑱]了母亲；妻子也蹲了下来，背起了儿子。我和妻子都是慢慢地，稳稳地，走得很仔细，好像我背上的同她背上的加起来，就是整个世界。

节选自莫怀戚《散步》

语音提示

①田野 tiányě　　②散步 sànbù
③母亲 mǔqīn　　④嫩芽 nènyá
⑤咕咕 gūgū　　⑥小家伙 xiǎojiāhuo
⑦一霎时 yíshàshí　　⑧责任 zérèn
⑨拆散 chāisàn　　⑩各得其所 gèdéqísuǒ
⑪决定 juédìng　　⑫委屈 wěiqu
⑬孙儿 sūn'ér　　⑭小脑瓜儿 xiǎonǎoguār
⑮主意 zhǔyi　　⑯水波粼粼 shuǐbōlínlín
⑰鱼塘 yútáng　　⑱背起 bēiqǐ

34 号朗读作品

地球上是否真的存在“无底洞”？按说地球是圆的，由地壳①、地幔②和地核③三层组成，真正的“无底洞”是不应存在的，我们所看到的各种山洞、裂口④、裂缝⑤，甚至火山口也都只是地壳浅部的一种现象。然而中国一些⑥古籍⑦却多次提到海外有个深奥莫测⑧的无底洞。事实上地球上确实有这样一个“无底洞”。

它位于希腊亚各斯古城的海滨。由于濒临⑨大海，大涨潮时，汹涌⑩的海水便会排山倒海般地涌入洞中，形成一股湍湍⑪的急流。据测，每天流入洞内的海水量达三万多吨。奇怪的是，如此大量的海水灌入洞中，却从来没有把洞灌满。曾有人怀疑，这个“无底洞”，会不会就像石灰岩地区的漏斗⑫、竖井、落水洞一类的地形。然而从二十世纪三十年代以来，人们就做了多种努力企图⑬寻找它的出口，却都是枉费心机⑭。

为了揭开这个秘密，一九五八年美国地理学会派出一支考察队，他们把一种经久不变的带色染料⑮溶解⑯在海水中，观察染料是如何随着海水一起沉下去。接着又察看了附近⑰海面以及岛上的各条河、湖，满怀希望地寻找这种带颜色的水，结果⑱令人失望。难道是海水量太大把有色水稀释⑲得太淡，以致无法发现？

至今谁也不知道为什么这里的海水会没完没了地“漏”下去，这个“无底洞”的出口又在哪里，每天大量的海水究竟都到哪里去了？

节选自［美］罗伯特·洛威尔《神秘的“无底洞”》

语音提示

①地壳 dìqiào　　②地幔 dìmàn

③地核 dìhé　　④裂口 lièkǒu
⑤裂缝 lièfèng　　⑥一些 yìxiē
⑦古籍 gǔjí　　⑧深奥莫测 shēn'àomócè
⑨濒临 bīnlín　　⑩汹涌 xiōngyǒng
⑪湍湍 tuāntuān　　⑫漏斗 lòudǒu
⑬企图 qǐtú　　⑭枉费心机 wǎngfèixīnjī
⑮染料 rǎnliào　　⑯溶解 róngjiě
⑰附近 fùjìn　　⑱结果 jiéguǒ
⑲稀释 xīshì

35 号朗读作品

我在俄国见到的景物再没有比托尔斯泰墓更宏伟、更感人的。

完全按照托尔斯泰的愿望，他的坟墓成了世间最美的，给人印象最深刻的坟墓。它只是树林中的一个小小的长方形土丘，上面开满鲜花——没有十字架，没有墓碑，没有墓志铭①，连托尔斯泰这个名字也没有。

这个比谁都感到受自己的声名所累的伟人，却像偶尔被发现的流浪汉，不为人知的士兵，不留名姓地被人埋葬②了。谁都可以踏进他最后的安息地，围在四周的稀疏③的木栅栏④是不关闭的——保护列夫·托尔斯泰得以安息的没有任何别的东西，惟有人们的敬意；而通常，人们却总是怀着好奇，去破坏伟人墓地的宁静。

这里，逼人⑤的朴素禁锢⑥住任何一种观赏的闲情，并且不容许你大声说话。风儿俯临⑦，在这座无名者之墓的树木之间飒飒⑧响着，和暖的阳光在坟头⑨嬉戏⑩；冬天，白雪温柔地覆盖⑪这片幽暗⑫的土地。无论你在夏天或冬天经过这儿，你都想象不到，这个小小的、隆起的长方体里安放着一位当代最伟大的人物。

然而，恰恰是这座不留姓名的坟墓，比所有挖空心思用大理石和奢华⑬装饰建造的坟墓更扣人心弦⑭。在今天这个特殊⑮的日子里，到他的安息地来的成百上千人中间，没有一个有勇气，哪怕仅仅从这幽暗的土丘上摘下一朵花留作纪念。人们重新感到，世界上再没有比托尔斯泰最后留下的、这座纪念碑式的朴素坟墓，更打动人心的了。

节选自［奥］茨威格《世界最美的坟墓》，张厚仁译

语音提示

①墓志铭 mùzhìmíng　　②埋葬 máizàng
③稀疏 xīshū　　④木栅栏 mùzhàlán
⑤逼人 bīrén　　⑥禁锢 jìngù

⑦俯临 fǔlín
⑧飒飒 sàsà
⑨坟头 féntóu
⑩嬉戏 xīxì
⑪覆盖 fùgài
⑫幽暗 yōu'àn
⑬奢华 shēhuá
⑭扣人心弦 kòurénxīnxián
⑮特殊 tèshū

36 号朗读作品

我国的建筑，从古代的宫殿到近代的一般[1]住房，绝大部分是对称[2]的，左边怎么样，右边怎么样。苏州园林可绝不讲究对称，好像故意避免似的[3]。东边有了一个亭子或者一道回廊[4]，西边决不会来一个同样的亭子或者一道同样的回廊。这是为什么？我想，用图画来比方，对称的建筑是图案画，不是美术画，而园林是美术画，美术画要求自然之趣，是不讲究对称的。

苏州园林里都有假山和池沼[5]。

假山的堆叠[6]，可以说是一项艺术而不仅是技术。或者是重峦叠嶂[7]，或者是几座小山配合着竹子花木，全在乎设计者和匠师们生平多阅历，胸中有丘壑[8]，才能使游览者攀登的时候忘却[9]苏州城市，只觉得身在山间。

至于池沼，大多引用活水。有些园林池沼宽敞，就把池沼作为全园的中心，其他景物配合着布置[10]。水面假如成河道模样，往往安排桥梁。假如安排两座以上的桥梁，那就一座一个样，决不[11]雷同。

池沼或河道的边沿[12]很少砌齐整的石岸，总是高低屈曲任其自然。还在那儿布置几块玲珑[13]的石头，或者种些花草。这也是为了取得从各个角度看都成一幅[14]画的效果。池沼里养着金鱼或各色鲤鱼，夏秋季节荷花或睡莲开放，游览者看“鱼戏莲叶间”，又是入画的一景。

节选自叶圣陶《苏州园林》

语音提示

①一般 yìbān
②对称 duìchèn
③似的 shìde
④回廊 huíláng
⑤池沼 chízhǎo
⑥堆叠 duīdié
⑦重峦叠嶂 chóngluándiézhàng
⑧丘壑 qiūhè
⑨忘却 wàngquè
⑩布置 bùzhì
⑪决不 juébù
⑫边沿 biānyán
⑬玲珑 línglóng
⑭一幅 yìfú

38 号朗读作品

泰山极顶看日出，历来被描绘[1]成十分壮观的奇景。有人说：登泰山而看不到日出，就像一出大戏没有戏眼，味儿终究有点寡淡[②]。

我去爬山那天，正赶上[③]个难得的好天，万里长空，云彩丝儿都不见，素常，烟雾腾腾的山头，显得眉目分明。同伴们都欣喜地说："明天早晨准可以看见日出了。"我也是抱着这种想头[④]，爬上山去。

一路从山脚往上爬，细看山景，我觉得挂在眼前的不是五岳独尊[⑤]的泰山，却像一幅规模惊人的青绿山水画，从下面倒展开来。在画卷中最先露出的是山根底那座明朝建筑岱宗坊[⑥]，慢慢[⑦]地便现出王母池、斗母宫、经石峪[⑧]。山是一层比一层深，一叠比一叠奇，层层叠叠，不知还会有多深多奇。万山丛中，时而[⑨]点染[⑩]着极其工细的人物。王母池旁的吕祖殿里有不少尊明塑，塑着吕洞宾等一些人，姿态神情是那样有生气，你看了，不禁[⑪]会脱口赞叹说："活啦。"

画卷继续展开，绿阴森森的柏洞[⑫]露面不太久，便来到对松山。两面奇峰对峙[⑬]着，满山峰都是奇形怪状的老松，年纪怕都有上千岁了，颜色竟那么浓，浓得好像要流下来似的。来到这儿，你不妨权当一次画里的写意人物，坐在路旁的对松亭里，看看山色，听听流水和松涛。

一时间，我又觉得自己不仅是在看画卷，却又像是在零零乱乱翻着一卷历史稿本。

节选自杨朔《泰山极顶》

语音提示

①描绘 miáohuì　②寡淡 guǎdàn
③赶上 gǎnshàng　④想头 xiǎngtou
⑤独尊 dúzūn　⑥岱宗坊 Dàizōngfāng
⑦慢慢 mànmàn　⑧经石峪 Jīngshíyù
⑨时而 shí'ér　⑩点染 diǎnrǎn
⑪不禁 bùjīn　⑫柏洞 bǎidòng
⑬对峙 duìzhì

39 号朗读作品

育才小学校长陶行知[①]在校园看到学生王友用泥块[②]砸自己班上的同学，陶行知当即[③]喝止[④]了他，并令他放学后到校长室去。无疑，陶行知是要好好教育这个"顽皮"的学生。那么他是如何教育的呢？

放学后，陶行知来到校长室，王友已经等在门口准备挨训[⑤]了。可一见面，陶行知却掏出一块糖果送给王友，并说："这是奖给[⑥]你的，因为你按时来到这里，而我却迟到了。"王友惊疑地接过糖果[⑦]。

随后，陶行知又掏出一块糖果放到他手里，说："这第二块糖果也是奖给你的，因为当我不让你再打人时，你立即就住手了，这说明你很尊敬我，我应该奖你。"王友更惊疑了，他眼睛[8]睁得大大的。

陶行知又掏出第三块糖果塞到王友手里，说："我调查过了，你用泥块砸那些男生，是因为他们不守游戏规则，欺负[9]女生；你砸他们，说明你很正直善良，且有批评不良[10]行为的勇气，应该奖励你啊！"王友感动极了，他流着泪后悔地喊道："陶……陶校长你打我两下吧！我砸的不是[11]坏人，而是自己的同学啊……"

陶行知满意地笑了，他随即[12]掏出第四块糖果递给王友，说："为你正确地认识错误，我再奖给你一块糖果，只可惜我只有这一块糖果了。我的糖果没有了，我看我们的谈话也该结束了吧！"说完，就走出了校长室。

节选自《教师博览·百期精华》中《陶行知的"四块糖果"》

语音提示

①行知 Xíngzhī　　②泥块 níkuài

③当即 dāngjì　　④喝止 hèzhǐ

⑤挨训 áixùn　　⑥奖给 jiǎnggěi

⑦糖果 tángguǒ　　⑧眼睛 yǎnjing

⑨欺负 qīfu　　⑩不良 bùliáng

⑪不是 búshì　　⑫随即 suíjí

40 号朗读作品

享受[1]幸福是需要学习的，当它即将来临的时刻需要提醒。人可以自然而然[2]地学会感官的享乐，却无法天生地掌握幸福的韵律[3]。灵魂的快意同器官的舒适像一对孪生兄弟，时而相傍相依[4]，时而南辕北辙。

幸福是一种心灵的震颤[5]。它像会倾听音乐的耳朵一样，需要不断地训练。

简而言之，幸福就是没有痛苦的时刻。它出现的频率并不像我们想象的那样少。人们常常只是在幸福的金马车已经驶过去很远时，才拣起地上的金鬃毛说，原来我见过它。

人们喜爱回味幸福的标本，却忽略它披着露水散发[6]清香的时刻。那时候我们往往步履[7]匆匆，瞻前顾后[8]不知在忙着什么。

世上有预报台风的，有预报蝗灾的，有预报瘟疫[9]的，有预报地震的。没有人预报幸福。

其实幸福和世界万物一样，有它的征兆[10]。

幸福常常是朦胧的，很有节制地向我们喷洒甘霖[11]。你不要总希望轰轰烈烈的幸福，它多半只是悄悄地扑面而来。你也不要企图把水龙头拧得更大，那样它会很快地流失。你需要静静地以平和之心，体验它的真谛[12]。

幸福绝大多数是朴素的。它不会像信号弹似的，在很高的天际闪烁[13]红色的光芒。它披着本色的外衣，亲切温暖地包裹起我们。

幸福不喜欢喧嚣[14]浮华，它常常在暗淡中降临。贫困中相濡以沫[15]的一块糕饼，患难中心心相印的一个眼神，父亲一次粗糙的抚摸，女友一张温馨的字条……这都是千金难买的幸福啊。像一粒缀在旧绸子上的红宝石，在凄凉中愈发熠熠夺目[16]。

节选自毕淑敏《提醒幸福》

语音提示

①享受 xiǎngshòu　②自然而然 zìrán'érrán
③韵律 yùnlǜ　④相傍相依 xiāngbàngxiāngyī
⑤震颤 zhènchàn　⑥散发 sànfā
⑦步履 bùlǚ　⑧瞻前顾后 zhānqiángùhòu
⑨瘟疫 wēnyì　⑩征兆 zhēngzhào
⑪喷洒甘霖 pēnsǎgānlín　⑫真谛 zhēndì
⑬闪烁 shǎnshuò　⑭喧嚣 xuānxiāo
⑮相濡以沫 xiāngrúyǐmò
⑯熠熠夺目 yìyìduómù

41 号朗读作品

在里约热内卢的一个贫民窟里[1]，有一个男孩子，他非常喜欢足球[2]，可是又买不起，于是就踢塑料盒，踢汽水瓶，踢从垃圾箱里拣来的椰子壳[3]。他在胡同里踢，在能找到的任何一片空地[4]上踢。

有一天，当他在一处干涸[5]的水塘里猛踢一个猪膀胱时，被一位足球教练看见了。他发现这个男孩儿踢得很像是那么回事，就主动提出要送给他一个足球。小男孩儿得到足球后踢得更卖劲了。不久[6]，他就能准确地把球踢进远处随意摆放的一个水桶里[7]。

圣诞节到了，孩子的妈妈说："我们没有钱买圣诞礼物送给我们的恩人，就让我们为他祈祷[8]吧。"

小男孩儿跟随妈妈祈祷完毕，向妈妈要了一把铲子[9]便跑了出去。他来到一座别墅[10]前的花园里，开始挖坑。

就在他快要挖好坑的时候，从别墅里走出一个人来，问小孩儿在干什么，孩子抬起满是汗珠的脸蛋儿，说："教练，圣诞节到了，我没有礼物送给您，我愿给您的圣诞树挖一个树坑[11]。"

教练把小男孩儿从树坑里拉上来，说，我今天得到了世界上最好的礼物。明天你就到我的训练场去吧。

三年后，这位十七岁的男孩儿在第六届足球锦标赛[12]上独进二十一球，为巴西第一次捧回了金杯。一个原来不为世人所知的名字——贝利，随之传遍世界。

节选自刘燕敏《天才的造就》

语音提示

①贫民窟 pínmínkū ②足球 zúqiú
③椰子壳 yēziké ④空地 kòngdì
⑤干涸 gānhé ⑥不久 bùjiǔ
⑦水桶里 shuǐtǒnglǐ ⑧祈祷 qídǎo
⑨铲子 chǎnzi ⑩别墅 biéshù
⑪树坑 shùkēng ⑫锦标赛 jǐnbiāosài

42 号朗读作品

记得我十三岁时，和母亲住在法国东南部的耐斯城[①]。母亲没有丈夫，也没有亲戚[②]，够清苦的，但她经常能拿出令人吃惊的东西，摆在我面前。她从来不吃肉，一再说自己是素食者。然而有一天，我发现母亲正仔细地用一小块碎面包擦那给我煎牛排[③]用的油锅[④]。我明白了她称自己为素食者的真正原因。

我十六岁时，母亲成了耐斯市美蒙[⑤]旅馆的女经理。这时，她更忙碌[⑥]了。一天，她瘫在椅子上，脸色苍白，嘴唇发灰。马上找来医生，做出诊断[⑦]：她摄取[⑧]了过多的胰岛素[⑨]。直到这时我才知道母亲多年一直对我隐瞒[⑩]的疾痛——糖尿病。

她的头歪向枕头一边，痛苦地用手抓挠[⑪]胸口。床架上方，则挂着一枚我一九三二年赢得耐斯市少年乒乓球冠军的银质奖章。

啊，是对我的美好前途的憧憬[⑫]支撑着她活下去，为了给她那荒唐的梦至少加一点真实的色彩，我只能继续努力，与时间竞争，直至一九三八年我被征入空军。巴黎很快失陷，我辗转[⑬]调到英国皇家空军。刚到英国就接到了母亲的来信。这些信是由在瑞士的一个朋友秘密地转到伦敦，送到我手中的。

现在我要回家了，胸前佩戴着醒目的绿黑两色的解放十字绶带[⑭]，上面挂着五六枚我终生难忘的勋章，肩上还佩戴着军官肩章[⑮]。到达旅馆时，没有一个人跟我打招呼。原来，我母亲在三年半以前就已经离开人间了。

在她死前的几天中，她写了近二百五十封信，把这些信交给她在瑞士的朋友，请这个朋友定时寄给我。就这样，在母亲死后的三年半的时间里，我一直从她身上吸取着力量和勇气——这使我能够继续战斗到胜利的那一天。

节选自［法］罗曼·加里《我的母亲独一无二》

语音提示

①耐斯城 Nàisīchéng ②亲戚 qīnqi
③煎牛排 jiānniúpái ④油锅 yóuguō
⑤美蒙 Měiméng ⑥忙碌 mánglù

⑦诊断 zhěnduàn　　⑧摄取 shèqǔ
⑨胰岛素 yídǎosù　　⑩隐瞒 yǐnmán
⑪抓挠 zhuānao　　⑫憧憬 chōngjǐng
⑬辗转 zhǎnzhuǎn　　⑭绶带 shòudài
⑮勋章 xūnzhāng

43 号朗读作品

生活对于任何人都非易事，我们必须有坚韧不拔[①]的精神。最要紧的，还是我们自己要有信心。我们必须相信，我们对每一件事情都具有天赋[②]的才能，并且，无论付出任何代价，都要把这件事完成，当事情结束的时候，你要能问心无愧[③]地说："我已经尽我所能了。"

有一年的春天，我因病被迫在家里休息数周。我注视着我的女儿们所养的蚕正在结茧[④]，这使我很感兴趣。望着这些蚕执著[⑤]地、勤奋地工作，我感到我和它们非常相似[⑥]。像它们一样，我总是耐心地把自己的努力集中在一个目标上。我之所以如此，或许是因为有某种力量在鞭策着我——正如蚕被鞭策[⑦]着去结茧一般。

近五十年来，我致力于科学研究，而研究，就是对真理的探讨。我有许多美好快乐的记忆。少女时期我在巴黎大学，孤独地过着求学的岁月；在后来献身科学的整个时期，我丈夫和我专心致志，像在梦幻中一般，坐在简陋[⑧]的书房里艰辛地研究，后来我们就在那里发现了镭。

我永远追求安静的工作和简单的家庭生活。为了实现这个理想，我竭力[⑨]保持宁静的环境，以免受人事的干扰和盛名[⑩]的拖累[⑪]。

我深信，在科学方面我们有对事业而不是对财富的兴趣。我的惟一奢望[⑫]是在一个自由国家中，以一个自由学者的身份从事研究工作。

我一直沉醉于世界的优美之中，我所热爱的科学也不断增加它崭新的远景。我认定科学本身就具有伟大的美。

节选自［波兰］玛丽·居里《我的信念》，剑捷译

语音提示

①坚韧不拔 jiānrènbùbá　　②天赋 tiānfù
③问心无愧 wènxīnwúkuì　　④结茧 jiéjiǎn
⑤执著 zhízhuó　　⑥相似 xiāngsì
⑦鞭策 biāncè　　⑧简陋 jiǎnlòu
⑨竭力 jiélì　　⑩盛名 shèngmíng
⑪拖累 tuōlěi　　⑫奢望 shēwàng

44 号朗读作品

我为什么非要教书不可？是因为我喜欢当教师的时间安排表和生活节奏。七、八、九三个月给我提供了进行回顾、研究、写作的良机，并将三者有机融合①，而善于回顾、研究和总结正是优秀教师素质中不可缺少的成分②。

干这行给了③我多种多样的“甘泉”去品尝，找优秀的书籍去研读，到“象牙塔”和实际世界里④去发现。教学工作给我提供⑤了继续学习的时间保证，以及多种途径、机遇和挑战。

然而⑥，我爱这一行的真正原因，是爱我的学生⑦。学生们在我的眼前成长、变化。当教师意味着亲历“创造”过程的发生——恰似⑧亲手赋予⑨一团泥土以生命，没有什么比目睹⑩它开始呼吸更激动人心的了。

权利我也有了：我有权利去启发诱导⑪，去激发智慧的火花，去问费心思考的问题，去赞扬回答的尝试，去推荐书籍，去指点迷津⑫。还有什么别的权利能与之相比呢？

而且，教书还给我金钱和权利之外的东西，那就是爱心。不仅有对学生的爱，对书籍的爱，对知识的爱，还有教师才能感受到的对“特别”学生的爱。这些学生，有如冥顽不灵⑬的泥块，由于接受了老师的炽爱⑭才勃发⑮了生机。

所以，我爱教书，还因为，在那些勃发生机的“特别”学生身上，我有时发现自己和他们呼吸相通，忧乐与共。

节选自［美］彼得·基·贝得勒《我为什么当教师》

语音提示

①融合 rónghé　　②成分 chéngfèn
③给了 gěile　　④世界里 shìjièlǐ
⑤提供 tígōng　　⑥然而 rán'ér
⑦学生 xuésheng　　⑧恰似 qiàsì
⑨赋予 fùyǔ　　⑩目睹 mùdǔ
⑪诱导 yòudǎo　　⑫迷津 míjīn
⑬冥顽不灵 míngwánbùlíng　　⑭炽爱 chì'ài
⑮勃发 bófā

45 号朗读作品

中国西部我们通常是指黄河与秦岭相连一线以西，包括西北和西南的十二个省、市、自治区。这块广袤①的土地面积为五百四十六万平方公里，占国土总面积的百分之五十七；人口二点八亿，占全国总人口的百分之二十三。

西部是华夏文明的源头。华夏祖先的脚步是顺着水边走的：长江上游出土过元谋人牙齿化石，距今约一百七十万年；黄河中游出土过蓝田人头盖骨②，距今约七十万年。这两处古人类都比距今约五十万年的北京猿人资格更老。

西部地区是华夏文明的重要发源地。秦皇汉武以后，东西方文化在这里交汇融合，从而有了丝绸之路的驼铃声声，佛院③深寺的暮鼓④晨钟。敦煌⑤莫高窟是世界文化史上的一个奇迹⑥，它在继承汉晋艺术传统的基础上，形成了自己兼收并蓄⑦的恢宏⑧气度，展现出精美绝伦的艺术形式和博大精深⑨的文化内涵。秦始皇兵马俑⑩、西夏王陵⑪、楼兰古国⑫、布达拉宫、三星堆、大足石刻等历史文化遗产，同样为世界所瞩目⑬，成为中华文化重要的象征。

西部地区又是少数民族及其文化的集萃地⑭，几乎⑮包括了我国所有的少数民族。在一些偏远的少数民族地区，仍保留了一些久远时代的艺术品种，成为珍贵的“活化石”，如纳西古乐、戏曲、剪纸、刺绣、岩画等民间艺术和宗教艺术。特色鲜明、丰富多彩，犹如一个巨大的民族民间文化艺术宝库。

我们要充分重视和利用这些得天独厚的资源优势，建立良好的民族民间文化生态环境，为西部大开发做出贡献。

节选自《中考语文课外阅读试题精选》中《西部文化和西部开发》

语音提示

①广袤 guǎngmào　②头盖骨 tóugàigǔ

③佛院 fóyuàn　④暮鼓 mùgǔ

⑤敦煌 Dūnhuáng　⑥奇迹 qíjì

⑦兼收并蓄 jiānshōubìngxù　⑧恢宏 huīhóng

⑨博大精深 bódàjīngshēn　⑩兵马俑 Bīngmǎyǒng

⑪西夏王陵 XīxiàWánglíng　⑫楼兰古国 LóulánGǔguó

⑬瞩目 zhǔmù　⑭集萃地 jícuìdì

⑮几乎 jīhū

46 号朗读作品

高兴，这是一种具体的被看得到摸得着的事物所唤起的情绪①。它是心理的，更是生理的。它容易来也容易去，谁也不应该对它视而不见失之交臂，谁也不应该总是做那些使自己不高兴也使旁人不高兴的事。让我们说一件最容易做也最令人高兴的事吧，尊重你自己，也尊重别人，这是每一个人的权利，我还要说这是每一个人的义务。

快乐，它是一种富有概括性的生存状态、工作状态。它几乎是先验的，它来自生命本身的活力，来自宇宙②、地球和人间的吸引，它是世界的丰富、绚丽③、阔大④、悠久⑤的体现。快乐还是一种力量，是埋在地下的根脉⑥。消灭一个人的快乐比挖掘⑦掉一棵大树的根要难得多。

欢欣，这是一种青春的、诗意的情感。它来自面向着未来伸开双臂奔跑的冲力，它来自一种轻松而又神秘、朦胧而又隐秘的激动，它是激情即将[8]到来的预兆[9]，它又是大雨过后的比下雨还要美妙得多也久远得多的回味……

喜悦，它是一种带有形而上色彩的修养和境界。与其说它是一种情绪，不如说它是一种智慧、一种超拔[10]、一种悲天悯人[11]的宽容和理解，一种饱经沧桑[12]的充实和自信，一种光明的理性，一种坚定的成熟，一种战胜了烦恼和庸俗[13]的清明澄澈[14]。它是一潭浅水，它是一抹朝霞，它是无边的平原，它是沉默的地平线。多一点儿、再多一点儿喜悦吧，它是翅膀，也是归巢。它是一杯美酒，也是一朵永远开不败的莲花。

节选自王蒙《喜悦》

语音提示

①情绪 qíngxù	②宇宙 yǔzhòu
③绚丽 xuànlì	④阔大 kuòdà
⑤悠久 yōujiǔ	⑥根脉 gēnmài
⑦挖掘 wājué	⑧即将 jíjiāng
⑨预兆 yùzhào	⑩超拔 chāobá
⑪悲天悯人 bēitiānmǐnrén	⑫饱经沧桑 bǎojīngcāngsāng
⑬庸俗 yōngsú	⑭澄澈 chéngchè

47 号朗读作品

在湾仔[1]，香港最热闹的地方，有一棵榕树，它是最贵的一棵树，不光在香港，在全世界，都是最贵的。

树，活的树，又不卖，何言其贵？只因它老，它粗，是香港百年沧桑的活见证，香港人不忍看着它被砍伐，或者被移走，便跟要占用这片山坡的建筑者谈条件：可以在这儿建大楼盖商厦，但一不准砍树，二不准挪树，必须把它原地精心养起来[2]，成为香港闹市中的一景。太古大厦的建设者最后签了合同，占用这个大山坡建豪华商厦[3]先决条件是同意保留这棵老树。

树长在半山坡上，计划将树下面的成千上万吨山石全部掏空取走，腾出地方[4]来盖楼，把树架在大楼上面[5]，仿佛它原本是长在楼顶上[6]似的[7]。建设者就地造了一个直径十八米、深十米的大花盆，先固定好这棵老树，再在大花盆底下盖楼。光这一项就花了两千三百八十九万港币，这也堪称[8]是最昂贵[9]的保护措施了。

太古大厦落成之后，人们可以乘滚动扶梯一次到位，来到太古大厦的顶层，出后门，那儿是一片自然景色。一棵大树出现在人们面前，树干直径有一米半粗，树冠[10]直径足有二十多米，独木成林，非常壮观，形成一座以它为中心的小公园，取名叫“榕圃”[11]。树前面[12]插着铜牌，说明缘由。此情此景，如不看铜牌的说明，绝对想不到巨树根底下还有一座宏伟的现代大楼。

节选自舒乙《香港：最贵的一棵树》

语音提示

①湾仔 Wānzǎi　　②养起来 yǎngqǐlái
③商厦 shāngshà　　④地方 dìfang
⑤上面 shàngmiàn　　⑥楼顶上 lóudǐngshàng
⑦似的 shìde　　⑧堪称 kānchēng
⑨昂贵 ángguì　　⑩树冠 shùguān
⑪榕圃 róngpǔ　　⑫前面 qiánmiàn

48 号朗读作品

我们的船渐渐地逼近[①]榕树了。我有机会看清它的真面目：是一棵大树，有数不清的丫枝[②]，枝上又生根，有许多根一直垂到地上[③]，伸进泥土里[④]。一部分树枝垂到水面，从远处看，就像一棵大树斜躺在水面上一样。

现在正是枝繁叶茂的时节。这棵榕树好像在把它的全部生命力展示给我们看。那么多的绿叶，一簇堆在另一簇的上面，不留一点儿缝隙[⑤]。翠绿[⑥]的颜色明亮地在我们的眼前闪耀，似乎每一片树叶上都有一个新的生命在颤动，这美丽的南国[⑦]的树！

船在树下泊了[⑧]片刻，岸上很湿，我们没有上去。朋友[⑨]说这里是“鸟的天堂”，有许多鸟在这棵树上做窝，农民不许人去捉它们。我仿佛听见几只鸟扑翅的声音，但是等到我的眼睛注意地看那里时，我却看不见一只鸟的影子。只有无数的树根立在地上，像许多根木桩。地是湿的，大概涨潮[⑩]时河水常常冲上岸去。“鸟的天堂”里没有[⑪]一只鸟，我这样想到。船开了，一个朋友拨着[⑫]船，缓缓地流到河中间去。

第二天，我们划着船到一个朋友的家乡去，就是那个有山有塔的地方。从学校出发，我们又经过那“鸟的天堂”。

这一次是在早晨[⑬]，阳光照在水面上，也照在树梢上[⑭]。一切都显得非常光明。我们的船也在树下泊了片刻。

起初四周围非常清静。后来忽然起了一声鸟叫。我们把手一拍，便看见一只大鸟飞了起来，接着又看见第二只，第三只。我们继续拍掌，很快地这个树林就变得很热闹了。到处都是鸟声，到处都是鸟影。大的，小的，花的，黑的，有的站在枝上叫，有的飞起来，在扑翅膀。

节选自巴金《小鸟的天堂》

语音提示

①逼近 bījìn　　②丫枝 yāzhī

③地上 dìshàng　　④泥土里 nítǔlǐ

⑤缝隙 fèngxì　　⑥翠绿 cuìlǜ

⑦南国 nánguó　　⑧泊了 bóle

⑨朋友 péngyou　　⑩涨潮 zhǎngcháo

⑪没有 méiyǒu　　⑫拨着 bōzhe

⑬早晨 zǎochén　　⑭树梢上 shùshāoshàng

49 号朗读作品

有这样一个故事。

有人问：世界上什么[①]东西的气力最大？回答纷纭[②]得很，有的说“象”，有的说“狮”，有人开玩笑似的说：是“金刚”，金刚有多少气力，当然大家全不知道。

结果[③]，这一切答案完全不对，世界上气力最大的，是植物的种子。一粒种子所可以显现出来的力，简直[④]是超越一切。

人的头盖骨[⑤]，结合[⑥]得非常致密与坚固，生理学家和解剖[⑦]学者用尽了一切的方法，要把它完整地分出来[⑧]，都没有这种力气。后来忽然有人发明了一个方法，就是把一些植物的种子放在要剖析的头盖骨里，给它以温度与湿度，使它发芽。一发芽，这些种子便以可怕的力量，将一切机械力所不能分开的骨骼[⑨]，完整地分开了。植物种子力量[⑩]之大，如此如此。

这，也许特殊[⑪]了一点儿，常人不容易理解，那么，你看见过[⑫]笋的成长吗？你看见过被压在瓦砾[⑬]和石块下面的一棵小草的生成吗？它为着向往[⑭]阳光，为着达成它的生之意志，不管上面的石块如何重，石块与石块之间如何狭，它必定要曲曲折折地，但是顽强不屈地透到地面上来。它的根往土壤钻，它的芽往地面挺，这是一种不可抗拒的力，阻止[⑮]它的石块，结果也被它掀翻，一粒种子的力量之大，如此如此。

没有[⑯]一个人将小草叫做“大力士”，但是它的力量之大，的确是世界无比。这种力，是一般人看不见的生命力。只要生命存在，这种力就要显现。上面的石块，丝毫不足以阻挡。因为它是一种“长期抗战”的力；有弹性，能屈能伸的力；有韧性，不达目的不止的力。

节选自夏衍《野草》

语音提示

①什么 shénme　　②纷纭 fēnyún

③结果 jiéguǒ　　④简直 jiǎnzhí

⑤头盖骨 tóugàigǔ　　⑥结合 jiéhé

⑦解剖 jiěpōu　　⑧出来 chūlái
⑨骨骼 gǔgé　　⑩力量 lìliàng
⑪特殊 tèshū　　⑫看见过 kànjiànguo
⑬瓦砾 wǎlì　　⑭向往 xiàngwǎng
⑮阻止 zǔzhǐ　　⑯没有 méiyǒu

50 号朗读作品

著名教育家班杰明[①]曾经接到一个青年人的求教电话，于是与那个向往成功、渴望[②]指点的青年人约好了见面的时间和地点。

待那个青年如约而至[③]时，班杰明的房门敞开[④]着，眼前的景象却令青年人颇感意外——班杰明的房间里乱七八糟、狼藉[⑤]一片。

没等青年人开口，班杰明就招呼[⑥]道：你看我这房间，太不整洁了，请你在门外等候一分钟，我收拾[⑦]一下，你再进来吧。一边说着，班杰明就轻轻关上了[⑧]房门。

不到一分钟的时间，班杰明又打开了房门并热情地把青年人让进客厅。这时，青年人的眼前展现出另一番[⑨]景象——房间里的一切已变得井然有序[⑩]，而且有两杯刚刚倒好的红酒，在淡淡的香水气息里还漾着[⑪]微波。

可是，没等青年人把满腹的有关人生和事业的疑难问题向班杰明讲出来，班杰明就非常客气地说道："干杯。你可以走了。"

青年人手持酒杯一下子愣住了，既尴尬[⑫]又非常遗憾[⑬]地说："可是，我……我还没向您请教呢……"

"这些……难道还不够吗？"班杰明一边微笑着，一边扫视着自己的房间，轻言细语地说，你进来[⑭]又有一分钟了。

"一分钟……一分钟……"青年人若有所思[⑮]地说，我懂了，您让我明白了一分钟的时间可以做许多事情，可以改变许多事情的深刻道理。

班杰明舒心地笑了。青年人把杯里的红酒一饮而尽，向班杰明连连道谢之后，开心地走了。

其实，把握好了生命中的每一分钟，也就是把握了理想的人生。

节选自纪广洋《一分钟》

语音提示

①班杰明 Bānjiémíng　　②渴望 kěwàng
③如约而至 rúyuē'érzhì　　④敞开 chǎngkāi
⑤狼藉 lángjí　　⑥招呼 zhāohu
⑦收拾 shōushi　　⑧关上了 guānshàngle

⑨一番 yìfān　　⑩井然有序 jǐngrányǒuxù
⑪漾着 yàngzhe　　⑫尴尬 gāngà
⑬遗憾 yíhàn　　⑭进来 jìnlái
⑮若有所思 ruòyǒusuǒsī

51 号朗读作品

有个塌鼻子的小男孩儿，因为两岁时得过脑炎，智力受损[①]，学习起来[②]很吃力。打个比方，别人写作文能写二三百字，他却只能[③]写三五行。但即便[④]这样的作文，他同样能写得很动人。

那是一次作文课，题目是《愿望》。他极其认真地想了半天，然后极认真地写，那作文极短。只有三句话：我有两个愿望，第一个是，妈妈天天笑眯眯[⑤]地看着我说："你真聪明[⑥]。"第二个是，老师天天笑眯眯地看着我说："你一点也不笨。"

于是，就是这篇作文，深深地打动了他的老师，那位妈妈式的老师不仅给了他最高分，在班上带感情朗读[⑦]了这篇作文，还一笔一画地批道：你很聪明，你的作文写得非常感人，请放心，妈妈肯定会格外喜欢你的，老师肯定会格外[⑧]喜欢[⑨]你的，大家肯定会格外喜欢你的。

捧着作文本，他笑了，蹦蹦跳跳地回家了，像只喜鹊[⑩]。但他并没有把作文本拿给妈妈看，他是在等待，等待着一个美好的时刻。

那个时刻终于到了，是妈妈的生日[⑪]——一个阳光灿烂的星期天。那天，他起得特别早，把作文本装在一个亲手做的美丽的大信封里，等着妈妈醒来[⑫]。妈妈刚刚睁眼醒来，他就笑眯眯地走到妈妈跟前[⑬]说："妈妈，今天是您的生日，我要送给您一件礼物。"

果然，看着这篇作文，妈妈甜甜地涌出[⑭]了两行热泪，一把搂住小男孩儿，搂得很紧很紧。

是的，智力可以受损，但爱永远不会。

节选自张玉庭《一个美丽的故事》

语音提示

①受损 shòusǔn　　②起来 qǐlái
③只能 zhǐnéng　　④即便 jíbiàn
⑤笑眯眯 xiàomīmī　　⑥聪明 cōngming
⑦朗读 lǎngdú　　⑧格外 géwài
⑨喜欢 xǐhuan　　⑩喜鹊 xǐquè
⑪生日 shēngrì　　⑫醒来 xǐnglái
⑬跟前 gēnqián　　⑭涌出 yǒngchū

52 号朗读作品

小学的时候，有一次我们去海边远足[①]，妈妈没有做便饭，给了我十块钱买午餐。好像走了很久，很久，终于到海边，大家坐下来便吃饭，荒凉的海边没有商店，我一个人跑到防风林[②]外面[③]去，级任[④]老师要大家把吃剩的饭菜分给我一点儿[⑤]。有两三个男生留下一点儿给我，还有一个女生，她的米饭拌了酱油，很香。我吃完的时候，她笑眯眯地看着我，短头发，脸圆圆的。

她的名字叫翁香玉。

每天放学的时候，她走的是经过我们家的一条小路，带着一位比她小的男孩儿，可能是弟弟。小路边是一条清澈[⑥]见底的小溪[⑦]，两旁竹阴[⑧]覆盖[⑨]，我总是远远地跟在后面。夏日的午后特别炎热，走到半路她会停下来，拿手帕在溪水里浸湿[⑩]，为小男孩儿擦脸。我也在后面停下来，把肮脏[⑪]手帕[⑫]弄湿了擦脸，再一路远远地跟着她回家。

后来我们家搬到镇上去了，过几年我也上了中学。有一天放学回家，在火车上，看见斜对面一位短头发、圆圆脸的女孩，一身素净的白衣黑裙。我想她一定不认识[⑬]我了。火车很快到站了，我随着人群挤向门口，她也走近了，叫我的名字。这是她第一次和我说话。

她笑眯眯的，和我一起走过月台。以后就没有再见过她了。

这篇文章收在我出版的《少年心事》这本书里[⑭]。

书出版后半年，有一天我忽然收到出版社转来的一封信，信封上是陌生的字迹[⑮]，但清楚地写着我的本名。

信里面说她看到了这篇文章心里非常激动，没想到离开家乡，漂泊[⑯]异地这么久之后，会看见自己仍然在一个人的记忆里，她自己也深深记得这其中的每一幕，只是没想到越过遥远的时空，竟然另一个人也深深记得。

节选自苦伶《永远的记忆》

语音提示

①远足 yuǎnzú	②防风林 fángfēnglín
③外面 wàimiàn	④级任 jírèn
⑤一点儿 yìdiǎnr	⑥清澈 qīngchè
⑦小溪 xiǎoxī	⑧竹阴 zhúyīn
⑨覆盖 fùgài	⑩浸湿 jìnshī
⑪肮脏 āngzāng	⑫手帕 shǒupà
⑬认识 rènshi	⑭书里 shūlǐ
⑮字迹 zìjì	⑯漂泊 piāobó

53 号朗读作品

在繁华的巴黎大街的路旁，站着一个衣衫褴褛[①]、头发斑白[②]、双目失明的老人。他不像其他乞丐那样伸手向过路行人乞讨[3]，而是在身旁立一块木牌，上面写着："我什么也看不见！"街上过往的行人很多，看了木牌上的字都无动于衷，有的还淡淡一笑，便姗姗而去[4]了。

这天中午，法国著名诗人让·彼浩勒也经过这里。他看看木牌上的字，问盲老人："老人家，今天上午有人给你钱吗？"

盲老人叹息[5]着回答："我，我什么也没有得到。"说着，脸上的神情非常悲伤。

让·彼浩勒听了，拿起笔悄悄地在那行字的前面添上了"春天到了，可是"几个字，就匆匆地离开了。

晚上，让·彼浩勒又经过这里，问那个盲老人下午的情况。盲老人笑着回答说："先生，不知为什么，下午给我钱的人多极了！"

让·彼浩勒听了，摸着胡子满意地笑了。

"春天到了，可是我什么也看不见！"这富有诗意的语言，产生这么大的作用，就在于它有非常浑厚[6]的感情色彩。是的，春天是美好的，那蓝天白云，那绿树红花，那莺歌燕舞[7]，那流水人家，怎么不叫人陶醉[8]呢？但这良辰[9]美景，对于一个双目失明的人来说，只是一片漆黑[10]。当人们想到这个盲老人，一生中竟连万紫千红的春天都不曾看到，怎能不对他产生同情之心呢？

节选自小学《语文》第六册中《语言的魅力》

语音提示

①褴褛 lánlǚ　　②斑白 bānbái
③乞讨 qǐtǎo　　④姗姗而去 shānshān'érqù
⑤叹息 tànxī　　⑥浓厚 nónghòu
⑦莺歌燕舞 yīnggēyànwǔ　　⑧陶醉 táozuì
⑨良辰 liángchén　　⑩漆黑 qīhēi

54 号朗读作品

有一次，苏东坡的朋友张鹗[1]拿着一张宣纸来求他写一幅[2]字，而且[3]希望他写一点儿关于养生方面的内容。苏东坡思索了一会儿，点点头说："我得到了一个养生长寿古方，药只有四味，今天就赠给你吧。"于是，东坡的狼毫[4]在纸上挥洒[5]起来，上面写着："一曰无事以当贵，二曰早寝以当富，三曰安步以当车，四曰晚食以当肉。"

这哪里有药？张鹗一脸茫然地问。苏东坡笑着解释说，养生长寿的要诀[6]，全在这四句里面。

所谓"无事以当贵"，是指人不要把功名利禄[7]、荣辱过失考虑太多，如能在情志上潇洒[8]大度，随遇而安，无事以求，这比富贵更能使人终其天年。

"早寝以当富"，指吃好穿好、财货充足，并非就能使你长寿。对老年人来说，养成良好的起居习惯，尤其是早睡早起，比获得任何财富更加宝贵。

“安步以当车”，指人不要过于讲求安逸[9]、肢体不劳，而应多以步行来替代骑马乘车，多运动才可以强健体魄，通畅气血[10]。

“晚食以当肉”，意思是人应该用已饥方食、未饱先止代替对美味佳肴的贪吃无厌。他进一步解释，饿了以后才进食，虽然是粗茶淡饭，但其香甜可口会胜过山珍；如果饱了还要勉强[11]吃，即使美味佳肴[12]摆在眼前也难以下咽。

苏东坡的四味“长寿药”，实际上是强调了情志、睡眠、运动、饮食四个方面对养生长寿的重要性，这种养生观点即使在今天仍然值得借鉴。

节选自蒲昭和《赠你四味长寿药》

语音提示

①张鹗 Zhāng'è　　②一幅 yìfú

③而且 érqiě　　④狼毫 lángháo

⑤挥洒 huīsǎ　　⑥要诀 yàojué

⑦功名利禄 gōngmínglìlù　　⑧潇洒 xiāosǎ

⑨安逸 ānyì　　⑩通畅气血 tōngchàngqìxuě

⑪勉强 miǎnqiǎng　　⑫佳肴 jiāyáo

55 号朗读作品

人活着，最要紧的是寻觅[1]到那片代表着生命绿色和人类希望的丛林[2]，然后选一高高的枝头站在那里观览[3]人生，消化痛苦，孕育[4]歌声，愉悦[5]世界！

这可真是一种潇洒的人生态度[6]，这可真是一种心境爽朗的情感风貌。

站在历史的枝头微笑，可以减免许多烦恼。在那里，你可以从众生相所包含的甜酸苦辣、百味人生中寻找你自己，你境遇[7]中的那点苦痛，也许相比之下，再也难以占据一席之地，你会较容易地获得从不悦中解脱[8]灵魂的力量，使之不致变得灰色。

人站得高些，不但能有幸早些领略[9]到希望的曙光，还能有幸发现生命的立体的诗篇。每一个人的人生，都是这诗篇中的一个词、一个句子或者一个标点。你可能没有成为一个美丽的词，一个引人注目的句子，一个惊叹号，但你依然[10]是这生命的立体诗篇中的一个音节、一个停顿、一个必不可少的组成部分。这足以使你放弃前嫌[11]，萌生为人类孕育新的歌声的兴致，为世界带来更多的诗意。

最可怕的人生见解，是把多维的生存图景看成平面。因为那平面上刻下的大多是凝固了的历史——过去的遗迹[12]；但活着的人们，活得却是充满着新生智慧的，由不断逝去的“现在”组成的未来。人生也不能像某些鱼类躺着游，人生也不能像某些兽类爬着走，而应该站着向前行，这才是人类应有的生存姿态。

节选自［美］本杰明·拉什《站在历史的枝头微笑》

语音提示

①寻觅 xúnmì　②丛林 cónglín
③观览 guānlǎn　④孕育 yùnyù
⑤愉悦 yúyuè　⑥态度 tàidù
⑦境遇 jìngyù　⑧解脱 jiětuō
⑨领略 lǐnglüè　⑩依然 yīrán
⑪放弃前嫌 fàngqìqiánxián　⑫遗迹 yíjì

56 号朗读作品

中国的第一大岛、台湾地区的主岛台湾，位于中国大陆架的东南方，地处东海和南海之间，隔着台湾海峡和大陆相望。天气晴朗[①]的时候，站在福建沿海较高的地方，就可以隐隐约约地望见岛上的高山和云朵。

台湾岛形状狭长，从东到西，最宽处只有一百四十多公里；由南至北，最长的地方约有三百九十多公里。地形像一个纺织用的梭子[②]。

台湾岛上[③]的山脉纵贯[④]南北，中间的中央山脉犹如[⑤]全岛的脊梁[⑥]。西部为海拔近四千米的玉山山脉，是中国东部的最高峰。全岛约有三分之一的地方是平地，其余为山地。岛内有缎带[⑦]般的瀑布，蓝宝石似的湖泊[⑧]，四季常青的森林和果园，自然景色十分优美。西南部的阿里山和日月潭，台北市郊的大屯山风景区，都是闻名世界的游览胜地。

台湾岛地处[⑨]热带和温带之间，四面环海，雨水充足，气温受到海洋的调剂[⑩]，冬暖夏凉，四季如春，这给水稻和果木生长提供了优越的条件。水稻、甘蔗[⑪]、樟脑[⑫]是台湾的“三宝”。岛上还盛产鲜果和鱼虾。

台湾岛还是一个闻名世界的“蝴蝶王国”。岛上的蝴蝶共有四百多个品种，其中有不少是世界稀有的珍贵品种。岛上还有不少鸟语花香的蝴蝶谷，岛上居民利用蝴蝶制作的标本和艺术品，远销许多国家。

节选自《中国的宝岛——台湾》

语音提示

①晴朗 qínglǎng　②梭子 suōzi
③岛上 dǎoshàng　④纵贯 zòngguàn
⑤犹如 yóurú　⑥脊梁 jǐliang
⑦缎带 duàndài　⑧湖泊 húpō
⑨地处 dìchǔ　⑩调剂 tiáojì
⑪甘蔗 gānzhe　⑫樟脑 zhāngnǎo

57 号朗读作品

对于中国的牛，我有着一种特别尊敬的感情。

留给我印象最深的，要算在田垄①上的一次“相遇”。

一群朋友郊游，我领头在狭窄②的阡陌③上走，怎料④迎面来了几只耕牛，狭道容不下人和牛，终有一方要让路。它们还没有走近，我们已经预计斗不过牲畜，恐怕难免⑤踩到稻田泥水里，弄得鞋袜又泥又湿了。正踟蹰⑥的时候，带头的一只牛，在离我们不远的地方停下来，抬起头看看，稍迟疑一下，就自动走下⑦田去，一队耕牛，全跟着它离开阡陌，从我们身边经过。

我们都呆了，回过头来，看着深褐色的牛队，在路的尽头消失，忽然觉得自己受了很大恩惠⑧。

中国的牛，永远沉默地为人类做着沉重的工作；在大地上，在晨光或烈日下，它拖着沉重的犁，低头一步又一步，拖出了身后一列又一列松土，好让人们下种。等到满地金黄或农闲时候，它可能还得担当搬运负重的工作；或终日绕着石磨，朝同一方向，走不计程的路。

在它沉默劳动中，人便得到应得的收成。

那时候，也许，它可以松一肩重担，站在树下，吃几口嫩草⑨。偶尔⑩摇摇尾巴，摆摆耳朵，赶走飞附在它身上⑪的苍蝇，已经算是它最闲适⑫的生活了。

中国的牛，没有成群奔跑的习惯，永远沉沉实实的，默默地工作，平心静气。这就是中国的牛！

节选自小思《中国的牛》

语音提示

①田垄 tiánlǒng　　②狭窄 xiázhǎi

③阡陌 qiānmò　　④怎料 zěnliào

⑤难免 nánmiǎn　　⑥踟蹰 chíchú

⑦走下 zǒuxià　　⑧恩惠 ēnhuì

⑨嫩草 nèncǎo　　⑩偶尔 ǒu'ěr

⑪身上 shēnshàng　　⑫闲适 xiánshì

58 号朗读作品

不管我的梦想能否成为事实，说出来总是好玩儿①的：

春天，我将要住在杭州。二十年前，旧历的二月初，在西湖上我看见了嫩柳②与菜花，碧浪③与翠竹④。由我看到的那点春光，已经⑤可以断定，杭州的春天必定会教人整天生活在诗与图画之中。所以，春天我的家应当是在杭州。

夏天，我想青城山应当算作最理想的地方。在那里，我虽然只住过十天，可是它的幽静已拴住了我的心灵。在我所看见过的山水中，只有这里[6]没有使我失望。到处都是绿，目之所及，那片淡而光润[7]的绿色都在轻轻地颤动，仿佛要流入空中与心中去似的。这个绿色会像音乐似的，涤清[8]了心中的万虑。

秋天一定要住北平。天堂是什么样子，我不知道，但是从我的生活经验去判断，北平之秋便是天堂。论天气，不冷不热。论吃的，苹果、梨、柿子、枣儿、葡萄[9]，每样都有若干种。论花草，菊花种类之多，花式之奇，可以甲天下。西山有红叶可见，北海可以划船——虽然荷花已残，荷叶可还有一片清香。衣食住行，在北平的秋天，是没有一项不使人满意的。

冬天，我还没有打好主意[10]，成都或者相当的合适，虽然并不怎样和暖，可是为了水仙，素心蜡梅，各色的茶花，仿佛[11]就受一点儿寒冷，也颇值得去了。昆明的花也多，而且天气比成都好，可是旧书铺与精美而便宜的小吃远不及成都的那么多。好吧，就暂这么规定：冬天不住成都便住昆明吧。

在抗战中，我没能发国难财。我想，抗战结束以后，我必能阔起来。那时候，假若飞机减价，一二百元就能买一架的话，我就自备一架，择黄道吉日慢慢地飞行。

节选自老舍《住的梦》

语音提示

①好玩儿 hǎowánr　②嫩柳 nènliǔ
③碧浪 bìlàng　④翠竹 cuìzhú
⑤已经 yǐjīng　⑥这里 zhèlǐ
⑦光润 guāngrùn　⑧涤清 díqīng
⑨葡萄 pútáo　⑩主意 zhǔyi
⑪仿佛 fǎngfú

59 号朗读作品

我不由停住了脚步。

从未见过开得这样盛的藤萝[1]，只见一片辉煌[2]的淡紫色，像一条瀑布，从空中垂下，不见其发端[3]，也不见其终极[4]，只是深深浅浅的紫，仿佛在流动，在欢笑，在不停地生长。紫色的大条幅[5]上，泛着点点银光，就像迸溅[6]的水花。仔细看时，才知那是每一朵紫花中的最浅淡的部分，在和阳光互相挑逗[7]。

这里除了光彩，还有淡淡的芳香。香气似乎也是浅紫色的，梦幻一般轻轻地笼罩[8]着我。忽然记起十多年前，家门外也曾有过一大株紫藤萝，它依傍[9]一株[10]枯槐[11]爬得很高，但花朵从来都稀落[12]，东一穗西一串伶仃[13]地挂在树梢，好像在察言观色，试探什么。后来索性连那稀零的花串[14]也没有了。园中别的紫藤花架也都拆掉，改种了果树。那时的说法是，花和生活腐化有着必然关系。我曾遗憾地想：这里再看不见藤萝花了。

过了这么多年，藤萝又开花了，而且开得这样盛，这样密，紫色的瀑布遮住了粗壮的盘虬⑮卧龙般的枝干，不断地流着，流着，流向人的心底。

花和人都会遇到各种各样的不幸，但是生命的长河是无止境的。我抚摸⑯了一下那小小的紫色的花舱，那里满装了生命的酒酿，它张满了帆，在这闪光的花的河流上航行。它是万花中的一朵，也正是由每一个一朵，组成了万花灿烂的流动的瀑布。

在这浅紫色的光辉和浅紫色的芳香中，我不觉加快了脚步。

节选自宗璞《紫藤萝瀑布》

语音提示

①藤萝 téngluó	②辉煌 huīhuáng
③发端 fāduān	④终极 zhōngjí
⑤条幅上 tiáofúshàng	⑥迸溅 bèngjiàn
⑦挑逗 tiǎodòu	⑧笼罩 lǒngzhào
⑨依傍 yībàng	⑩一株 yìzhū
⑪枯槐 kūhuái	⑫稀落 xīluò
⑬伶仃 língdīng	⑭花串 huāchuàn
⑮盘虬 pánqiú	⑯抚摸 fǔmō

60 号朗读作品

在一次名人访问中，被问及上个世纪最重要的发明是什么①时，有人说是电脑，有人说是汽车，等等。但新加坡的一位知名人士却说是冷气机。他解释，如果没有冷气，热带地区如东南亚国家，就不可能有很高的生产力，就不可能达到今天的生活水准。他的回答实事求是，有理有据。

看了有关报道，我突发奇想：为什么没有记者问："20 世纪最糟糕②的发明是什么？"其实二 OO 二年十月中旬，英国的一家报纸就评出了"人类最糟糕的发明"。获此"殊荣"③的，就是人们每天大量使用的塑料④袋。

诞生⑤于上个世纪三十年代的塑料袋，其家族包括用塑料制成的快餐饭盒、包装纸、餐用杯盘、饮料瓶、酸奶杯、雪糕杯等等。这些废弃物形成的垃圾，数量多、体积大、重量轻、不降解⑥，给治理工作带来很多技术难题和社会问题。

比如，散落⑦在田间、路边及草丛中的塑料餐盒，一旦被牲畜⑧吞食，就会危及健康甚至导致死亡。填埋废弃塑料袋、塑料餐盒的土地，不能生长庄稼和树木，造成土地板结⑨。而焚烧⑩处理这些塑胶垃圾，则会释放出多种化学有毒气体，其中一种称为二噁英⑪的化合物，毒性极大。

此外，在生产塑料袋、塑料餐盒的过程中使用的氟利昂，对人体免疫系统和生态环境造成的破坏也极为严重。

节选自林光如《最糟糕的发明》

语音提示

①什么 shénme ②糟糕 zāogāo
③殊荣 shūróng ④塑料 sùliào
⑤诞生 dànshēng ⑥降解 jiàngjiě
⑦散落 sànluò ⑧牲畜 shēngchù
⑨板结 bǎnjié ⑩焚烧 fénshāo
⑪二噁英 èr'èyīng

（张艳　赵颖　范盛然）

第九章 命题说话练习[①]

我的愿望（或理想）（1 号）

话题类型	参考主题	参考内容
叙述型	一个愿望	考上大学、找到理想工作、有一台电脑、到某地旅游等
	多个愿望：按时间分，人生的不同阶段的愿望；按方面分，学习、生活、工作上的愿望	小时候、中学、大学、工作后；通过某项考试、取得奖学金、有自己的房子、获得提升、增加工资等
议论型	我有某一个愿望的原因，我对某一个愿望的评价等，如我的愿望是有一辆自己的汽车	为什么要有自己的汽车：向往已久的，满足虚荣心的，节省时间，扩大生活圈等
说明型	详细说明一个具体愿望的内容，如一份理想的工作	理想工作的工作环境、工作内容、工作方式、收入情况、工作乐趣、发展前景等

［实例］

每个人都有自己的理想，当然我也不例外。小时候，在我的小脑袋中，就装着五彩缤纷的理想。

很小的时候，我就有了我的第一个理想，当一名交通警察。小时候的理想现在想起来很幼稚。当时的我，其实是喜欢上了他们漂亮的警服和他们站在马路中央指挥交通时的帅气。可是不久，我的理想就发生了改变，因为我逐渐了解了当一名警察太辛苦、太危险。于是，当一名画家成为我的第二个理想。从小我就对绘画很敏感，很喜欢画画，经常自己画出一些“大作”然后拿给爸爸妈妈看。爸妈得知我喜欢画画，马上就给我报了美术班。可能是因为小孩子贪玩儿的天性，上了美术班后的我变得不怎么喜欢画画了，甚至在上美术课时逃跑去和同学玩儿。就这样，我的第二个理想便又化为泡影。直到我有了第三个理想，当一名小学老师。从小到大我接触过好多好多老师，有年龄大的、资历老的，也有年轻的、经验少的，但不管他们是什么样的老师，教哪一门学科，我都非常喜欢他们，将来也想像他们一样站在高高的讲台上给我的学生们授课。

可是随着时间的推移，我的愿望又产生了变化。当我已不是一个什么都不懂的小孩子，当我对一些事情有了自己独到的见解和想法时，我的理想是当一名音乐家，既喜欢音乐，又对社会做出贡献，当我确定音乐家这个理想的奋斗目标时，兴奋不已。

相信每一个喜爱音乐的人都会认为音乐是世界上最迷人的一件事物，而这只是我被音

① 本章中的话题编号均为《普通话水平测试用话题》的编号。

乐征服的原因之一。更重要的是，音乐让我快乐，让我身边的人快乐。

尽管在我确定我的理想是当一名音乐家时，遭到家人的反对，他们只希望我读好书，不允许我为别的分心，可我仍然坚持我的理想，我要证明给他们看，我无论做什么都不会影响我的学业。终于，我获得了家人的理解，得到了妈妈的支持，这也给了我很大的动力。现在我正在为我的理想奋斗着。

我的学习生活（2号）

话题类型	参考主题	参考内容
叙述型	可以叙述一日学习生活或从小到大各个阶段的学习生活，讲述学习方面的小故事	可以从描述学习环境说起，叙述在何时何地学什么，得到过哪些恩师的教诲，取得了什么样的成绩，获得过何种文凭、证书；学习方面小故事发生的时间、地点，发生、发展、结果，自己的感受等
议论型	强调学习的重要性；各阶段学习对以后学习的意义等	不间断的学习为自己带来的益处；学习生活给自己成长带来的影响；时代发展使知识更新迅速，树立终身学习的观念等
说明型	详细说明搞好某一阶段的学习或某种技能的学习与训练	小学、中学、大学，学英语、学普通话、学计算机、学开车、学做衣服、学做菜……内容、步骤、方法、技巧等

［实例］

在我人生的每一个阶段，学习生活都不一样，小学时我不喜欢学习，只喜欢玩，每次只是勉强按照老师的安排，同时也是在老师和家长的监督下被动地完成一些作业。有时候看看课外书，也只是自己的兴趣而已。小时候也从来不知道去安排学习时间，想玩的时候就玩，有人提醒的时候才想到学习。（可以插入一些和老师、同学之间有意义的小故事）

到了初中阶段，可能是父母和老师的苦口婆心，也可能是自己稍微长大了，开始有了奋斗目标，希望自己能够考上一所理想的高中。于是学习压力就开始加重了，课程也越来越多了，每天都有很多的测试和做不完的作业。我开始制订学习计划，每天都要求自己完成订下的计划。学习虽然忙碌，但也充实。我每天有计划地背单词，练习写作，积累一段时间后，发现自己进步了不少，于是心里也会有一种小小的满足感。但是不知道为什么，一到假期我的学习动力就好像完全消失了。比如暑假，我一回到家就先计划去哪里玩。到了最后的几天我还不能静下心来去做作业，此时自己就会有一种负罪感。所以，一般在长假的最后几天中，我往往是在矛盾的心理状态中度过的。

到了高中阶段，学习更加忙碌了，因为自己最终将面临高考，要想考上一所理想的大学，自己必须加倍努力。那时候自己根本没有空余时间，每天的学习计划早已经被老师给安排得满满的，根本不用你制订学习计划。因此，为了学习，为了高考，我的许多兴趣爱好就在那个时候被放弃了。双休日没了，假期也缩短了，连休息的时间都不够，根本就没有玩的时间了。一到寒暑假，爸妈早已给我报好补习班，让我在放假期间把薄弱的课程补上。我发现这种填鸭式的学习方法并没有使我学习进步，反而让我失去了信心。

那时候我每天向往着自由，想着自己早点结束这种生活，可当自由真正来临的时候，我却感到有些恐慌。上了大学的人多半有这种感受。大学是个自觉学习的地方，要想在大学真正学到知识，我们必须具有很强的自制力。因为没有那些条条框框，没人管没人督促，自由的生活让我们变得懒散，空闲时间多的让我们觉得空虚。发呆、闲逛、闲混，日子就这么过着，可心里充满了罪恶感。

我说的这些只是我曾经的学习经历，我觉得真正的学习生活只有进行时没有完成时，因为学习是需要每个人一辈子去完成的。

童年的记忆（5号）

话题类型	参考主题	参考内容
叙述型	有关童年的记忆深刻的几个人物、事件	人物：家人、亲戚、小伙伴、老师、同学等，姓名或称谓、年龄、外貌、性格、爱好、职业，与自己的关系、对自己的影响，现在的评价等 事件：外出旅行、家庭里、幼儿园里、学校里、课外活动等发生的事情，事情发生的时间、地点、原委与发展过程，事情的后果，相关的是哪些童年伙伴，家长们的反应，回忆之后的感想等

［实例］

那是我小学暑假的一天，表哥约着我一起去公园钓鱼。我们拿着鱼竿、鱼饵、水桶和马扎来到湖边，表哥支开鱼竿，放上鱼饵，开始钓鱼。表哥还真是钓鱼高手，一会儿工夫就钓上来3条。我看着小鱼上钩，特别羡慕，真想自己也试试。表哥看出我的心思，说："冰冰，你来试试！""可是……我不会。""你如果不试，就永远都学不会啦！""好吧，那我试试。"我小心翼翼地拿着鱼竿，坐在马扎上，表哥帮我把鱼饵搓成一小团，挂在鱼钩上，让我把鱼线用力往前抛。我抛出鱼线，拿着鱼竿，一动不动地坐着，等了好久都不见有鱼上钩。我郁闷极了，说："怎么小鱼都不理我啊！""冰冰，你快看！"表哥突然兴奋地指着湖面。只见鱼漂不停抖动，周围也在冒泡，我用力向上拉鱼竿。可没想到，这鱼特别狡猾，竟然吃了我的鱼饵逃跑了。表哥说："钓鱼要有耐心，不能开小差！记得《小猫钓鱼》的故事吗？三心二意可是钓不到鱼的。"听了他的话，我点点头说："我再试试！"

这次，我紧紧盯住鱼漂，耐心地等待着。过了好一会儿，鱼漂终于开始抖动，我马上使劲往上拉鱼竿，真的有鱼上钩了！"我钓到鱼啦！"我太高兴了，表哥也笑得特别开心……

难忘的旅行（7号）

话题类型	参考主题	参考内容
叙述型	叙述旅行中的人和事	旅行目的地，旅行前的兴奋心情，为旅行所做的准备，旅行形式（跟团旅游、散客旅游），同行伙伴（旅客）的言行，旅行中的吃、住、行、游、购、娱等
说明型	介绍旅行的行程，介绍某一风景名胜区的情况	旅行线路、行程安排，途中经过的地方，主要景点介绍，旅行注意事项等

［实例］

让我难忘的一次旅行是去北京。我们是坐高铁去的，高铁真是快，只用了四个多小时我们就到了北京。到北京是下午两点多，导游已经在等我们了。

我们第二天一大早就坐车去游览长城。到了长城脚下，我们坐缆车上到长城的一半，接下来就要爬长城了。天气很好，晴空万里，长城上人山人海，我们终于登上了八达岭的最高处，看到远处的长城蜿蜒盘旋，像条长龙。妈妈说，为了筑这雄伟的长城，古时候的劳动人民花了很多很多的心血和智慧。听妈妈说，爬上长城的北八楼就是好汉，我还听爸爸说长城有两万多米，春秋战国时期就开始修建了。听了妈妈和爸爸的话，知道了长城这么长，我便快速地爬起来，一刻也不休息。终于我爬到了长城的北八楼，我骄傲地在北八楼上喊了一句："我是好汉！"山上便传来了我的回音。

我们下了长城，去吃有名的"北京烤鸭"，远远的，我就闻到了飘来的烤鸭香味。来到烤鸭店，妈妈买了一盘热乎乎的烤鸭，我口水都忍不住流出来了，闷着头就吃。吃完后，我们全家都成了"花脸猫"。

第三天，我们上午去参观了前门大街、天安门、故宫。下午，我们去了国子监，经过导游的介绍，我了解了"鲤鱼跃龙门"和"独占鳌头"这两个成语的由来，爸爸还在那两个地方给我拍了几张照片。

北京可真是好玩啊！

我的朋友（8 号）

话题类型	参考主题	参考内容
叙述型	叙述和一个或几个朋友交往的故事	讲述事件发生的时间、地点、过程，自己当时和现在的感受，对朋友的肖像、动作、语言等进行描写
议论型	与之成为朋友的原因、对朋友的评价	年龄相仿或忘年之交、志同道合、志趣相投，朋友具有很多美德、高尚的品质，得到过朋友的鼎力相助和支持
说明型	我的一个或多个朋友、不同时期的朋友	介绍朋友姓名、年龄、外貌、性格、爱好、职业、特长、品行及朋友的家庭等

［实例］

我的朋友有很多，今天我要说的这两位都是我最好的朋友，玲玲和杨艳秋。玲玲是我最要好的一个朋友，也是多年的老友了。她高高的个子，细长的眉毛下闪动着一双乌黑发亮的眼睛，流露出智慧的光芒。她体型不胖不瘦，平时爱穿蓝色的衬衫、咖啡色的裤子和黑色的皮鞋，很有精神。她喜欢留一头运动型短发，戴一副中度近视镜，气质优雅，博学多才。

每个礼拜六，我们都一起玩，而且常去她爷爷家附近的小河边散步谈心。为什么要去那里谈心呢？干吗不去楼下的小花园？干吗不去公园？我们那么多心事，就像一个个小秘密，如果去人多的地方被人听到了怎么办？所以还不如找一个既人少、又安静、又美丽的地方。我们常常是一边散步，一边聊天，一边听着河水"叮咚叮咚"的声音。若是不想聊天了，便会捡起几个石子来击打小河，比谁打的水漂多，这时还顺便欣赏了河边的美景。和这位朋友一起玩，我的生活变得有声有色。

她喜欢猫，我却喜欢狗，她一直认为猫和狗是好朋友，看来我们做朋友是有缘分的啊。

第二个好朋友就是杨艳秋了。她是一个很有想法、有上进心的女孩子。她敢想敢做敢当，总是喜欢尝试新鲜的东西。我们是高中同学，后来他们家搬到南方去了。我们虽然隔得很远，有时候一年都见不上一面，但我们经常通电话。每当我有开心的事情，我都会告诉她，跟她分享。她也会把开心的事和知道的新鲜的事告诉我，我们共同收获了快乐，也让我长了知识。当我遇到挫折的时候，她不会安慰我，反而会很严肃地跟我说："这点小事算什么，抬起头，昂首挺胸，勇敢地往前走！"就是这样一个不会安慰人的她，让我变得成熟了。后来，不管遇到什么困难，我总是会想起她说过的话：一点点困难算什么呢！

我知道，朋友不光是形影不离、无话不谈，更重要的是能互相帮助、互相鼓励、共同进步。这两个朋友，都是我一生中最重要的人！

命题说话中容易说错的字词

乘机 chéng
混淆 hùnxiáo
包扎、扎小辫 zā
畚箕 jī
匕首 bǐ
比较 jiào
成绩 jì
驰骋 chěng
处理、处境、处女、为人处世、处于 chǔ（不读 chù）
档案 dàng
订正 dìng
丢三落四 là
发酵 jiào
飞来横祸、蛮横、发横财、横加阻拦 hèng
氛围 fēn
符合 fú
给予 jǐ
勾当 gòu
枸杞 gǒuqǐ
骨气 gǔ
呱呱坠地 gūgū
龟裂 jūn

果脯 fǔ
和泥、和面 huó　搅和 huo　和稀泥 huò
浑身解数 xiè
馄饨 húntun
浑水摸鱼 hún
嫉妒 jí
脊背、脊梁、脊柱 jǐ
里脊 ji（轻声，本音 jǐ）
忌妒 jì
夹克 jiā
矫枉过正 jiǎowǎng
缴纳、缴费 jiǎo
教室、办公室 shì
腈纶 jīng
粳米 jīng
籼米 xiān
精髓 suǐ
靓妆 jìng
拒载、载人、载重、载体 zài
绢花 juàn（不读 juān）
傀儡 kuǐ
溃脓 huì　溃烂 kuì
连篇累牍 lěi　连累 lěi　伤痕累累 lěilěi　果实累累 léiléi
良莠不分 yǒu
量杯、思量 liáng　量体裁衣 liàng
淋病 lìn
绿林好汉 lù
氯化钠 lǜ
落枕 lào
模样 mú
年逾古稀 yú（不读 yù）
配角儿、角色 jué
喷香、喷喷香 pèn
剽窃、剽悍 piāo
棋高一着 zhāo

契诃夫、堂吉诃德 hē
牵强附会 qiǎng
请帖 tiě　妥帖 tiē　字帖 tiè
人才济济 jǐ
仍然 réng
乳臭未干 xiù
三场比赛、跳场舞 chǎng
杀一儆百 jǐng
书声琅琅 láng
通缉 jī（区别编辑 jí）
围绕 rào
鲜血 xuè　血淋淋 xiě
心宽体胖 pán
炫耀 xuàn
眩晕 xuànyùn
穴位 xué
循规蹈矩、矩形 jǔ
压轴戏 zhòu
筵席 yán

（于淼　徐蓓）

参考文献

[1] 国家语言文字工作委员会普通话培训测试中心．普通话水平测试实施纲要［M］．北京：商务印书馆，2004.

[2] 中国社会科学院语言研究所词典编辑室．现代汉语词典［M］．7版．北京：商务印书馆，2016.

[3] 普通话水平测试研究组，普通话培训研究中心．普通话水平测试专用教材［M］．北京：北京理工大学出版社，2013.

[4] 中国社会科学院语言研究所．新华字典［M］．北京：商务印书馆，2020.

[5] 周殿福，吴宗济．普通话发音图谱［M］．北京：商务印书馆，1963.

[6] 邢捍国．实用普通话水平测试与口才提高［M］．3版．广州：暨南大学出版社，2005.

[7] 王克瑞，杜丽华．播音员主持人训练手册［M］．北京：中国传媒大学出版社，2001.

[8] 尹建国．普通话水平测试指导用书：山东版［M］．北京：商务印书馆，2007.

[9] 罗洪．普通话规范发音［M］．广州：花城出版社，2008.

[10] 张庆庆．普通话水平测试应试指南［M］．广州：暨南大学出版社，2010.

[11] 吴洁敏．新编普通话教程［M］．杭州：浙江大学出版社，2003.

[12] 高廉平．普通话测试辅导与训练［M］．北京：北京大学出版社，2006.

[13] 路英．播音发声与普通话语音［M］．长沙：湖南师范大学出版社，2005.

[14] 张慧．绕口令［M］．北京：中国广播电视出版社，2005.

[15] 唐余俊．普通话水平测试（PSC）应试指导［M］．广州：暨南大学出版社，2010.

[16] 陈超美．普通话口语表达与水平测试［M］．北京：清华大学出版社，2011.

[17] 李永斌．普通话实用教程［M］．北京：北京师范大学出版社，2004.

[18] 宋欣桥．普通话水平测试员实用手册［M］．北京：商务印书馆，2004.

[19] 金晓达，刘广徽．汉语普通话语音图解课本［M］．北京：北京语言大学出版社，2011.

[20] 王芹春，张琪．普通话水平测试指导教程［M］．西安：第四军医大学出版社，2011.

附录　容易误读的词语表

普通话水平测试用普通话词语表　表一（部分）

不禁 bùjīn	核儿 húr	偶尔 ǒu'ěr	说服 shuōfú
阐明 chǎnmíng	颌 hé	譬如 pìrú	髓 suǐ
处于 chǔyú	混淆 hùnxiáo	剖面 pōumiàn	湍流 tuānliú
创伤 chuāngshāng	畸形 jīxíng	气氛 qìfēn	围剿 wéijiǎo
当成 dàngchéng	脊 jǐ	契约 qìyuē	狭隘 xiá'ài
地壳 dìqiào	祭祀 jìsì	砌 qì	掀起 xiānqǐ
调拨 diàobō	角色 juésè	潜力 qiánlì	削弱 xuēruò
反馈 fǎnkuì	搅 jiǎo	潜在 qiánzài	嗅 xiù
范畴 fànchóu	解剖 jiěpōu	曲折 qūzhé	演绎 yǎnyì
附着 fùzhuó	咀嚼 jǔjué	儒家 rújiā	矣 yǐ
赋予 fùyǔ	卤 lǔ	鳃 sāi	予以 yǔyǐ
供给 gōngjǐ	氯气 lǜqì	渗透 shèntòu	蕴藏 yùncáng
硅 guī	酶 méi	狩猎 shòuliè	怎么 zěnme
号召 hàozhào	囊 náng	栓 shuān	知道 zhīdào

普通话水平测试用普通话词语表　表二（部分）

皑皑 áiái	濒临 bīnlín	阐释 chǎnshì	啜泣 chuòqì
碍 ài	摈弃 bìnqì	忏悔 chànhuǐ	踹 chuài
庵 ān	鬓 bìn	猖獗 chāngjué	绰号 chuòhào
黯 àn	禀 bǐng	怅惘 chàngwǎng	粗犷 cūguǎng
盎然 àngrán	摒弃 bìngqì	澈 chè	蹿 cuān
鳌 áo	钵 bō	抻 chēn	篡夺 cuànduó
跋涉 báshè	脖颈儿 bógěngr	称职 chènzhí	璀璨 cuǐcàn
掰 bāi	帛 bó	诚挚 chéngzhì	淬火 cuìhuǒ
斑驳 bānbó	箔 bó	逞 chěng	萃取 cuìqǔ
褒贬 bāobiǎn	跛 bǒ	嗤 chī	皴 cūn
卑鄙 bēibǐ	簸箕 bòji	驰骋 chíchěng	磋商 cuōshāng
被褥 bèirù	补给 bǔjǐ	齿龈 chǐyín	挫 cuò
迸发 bèngfā	不胫而走 bùjìng'érzǒu	炽烈 chìliè	锉 cuò

续前表

鄙夷 bǐyí	不屑 bùxiè	充沛 chōngpèi	耷拉 dāla
庇护 bìhù	不懈 bùxiè	充塞 chōngsè	搭讪 dāshàn
婢女 bìnǚ	步履 bùlǚ	憧憬 chōngjǐng	呆滞 dāizhì
痹 bì	埠 bù	抽搐 chōuchù	玳瑁 dàimào
编撰 biānzhuàn	苍穹 cāngqióng	惆怅 chóuchàng	胆怯 dǎnqiè
编纂 biānzuǎn	蹭 cèng	筹 chóu	掸 dǎn
标的 biāodì	诧异 chàyì	踌躇 chóuchú	旦角儿 dànjuér
标识 biāozhì	掺 chān	处方 chǔfāng	诋毁 dǐhuǐ
膘 biāo	潺潺 chánchán	处死 chǔsǐ	掂 diān
瘪 biě	蟾蜍 chánchú	矗立 chùlì	滇 diān
佃 diàn	梗 gěng	嫉妒 jídù	倔强 juéjiàng
动辄 dòngzhé	供养 gōngyǎng	辑 jí	厥 jué
抖擞 dǒusǒu	勾勒 gōulè	几率 jīlǜ	蕨 jué
窦 dòu	苟且 gǒuqiě	给养 jǐyǎng	攫 jué
嘟囔 dūnang	广袤 guǎngmào	脊梁 jǐliang	郡 jùn
犊 dú	皈依 guīyī	脊髓 jǐsuǐ	揩 kāi
睹 dǔ	瑰丽 guīlì	戟 jǐ	慨然 kǎirán
对峙 duìzhì	诡辩 guǐbiàn	麂 jǐ	堪 kān
踱 duó	桂冠 guìguān	忌讳 jìhuì	亢奋 kàngfèn
跺 duò	骇 hài	甲壳 jiǎqiào	恪守 kèshǒu
遏止 èzhǐ	氦 hài	驾驭 jiàyù	铿锵 kēngqiāng
发酵 fājiào	蚶 hān	间断 jiànduàn	叩 kòu
藩镇 fānzhèn	酣睡 hānshuì	间作 jiànzuò	脍炙人口 kuàizhìrénkǒu
繁衍 fányǎn	鼾声 hānshēng	缄默 jiānmò	矿藏 kuàngcáng
反刍 fǎnchú	寒颤 hánzhàn	谏 jiàn	框架 kuàngjià
贩 fàn	寒噤 hánjìn	绛 jiàng	窥 kuī
梵文 fànwén	罕 hǎn	焦灼 jiāozhuó	魁梧 kuíwú
妨害 fánghài	憾 hàn	角逐 juézhú	廓 kuò
诽谤 fěibàng	赫 hè	矫揉造作 jiǎoróuzàozuò	烙印 làoyìn
吠 fèi	壑 hè	缴纳 jiǎonà	幂 mì
分蘖 fēnniè	横亘 hénggèn	叫嚣 jiàoxiāo	勒索 lèsuǒ
愤慨 fènkǎi	红晕 hóngyùn	窖 jiào	累赘 léizhuì

续前表

丰腴 fēngyú	后裔 hòuyì	秸 jiē	隶 lì
风驰电掣 fēngchídiànchè	呼号 hūháo	秸秆 jiēgǎn	砾石 lìshí
敷 fū	花冠 huāguān	矜持 jīnchí	涟漪 liányī
拂晓 fúxiǎo	宦官 huànguān	尽早 jǐnzǎo	敛 liǎn
辐 fú	豢养 huànyǎng	劲旅 jìnlǚ	踉跄 liàngqiàng
甫 fǔ	黄疸 huángdǎn	禁不住 jīnbùzhù	两栖 liǎngqī
俯瞰 fǔkàn	幌子 huǎngzi	靳 jìn	撩 liáo
附和 fùhè	诙谐 huīxié	荆 jīng	撂 liào
富庶 fùshù	讳言 huìyán	惊诧 jīngchà	瞭望 liàowàng
赋税 fùshuì	荟萃 huìcuì	精湛 jīngzhàn	吝啬 lìnsè
缚 fù	贿赂 huìlù	静谧 jìngmì	绫 líng
干涸 gānhé	晦气 huìqì	窘 jiǒng	翎子 língzi
坩埚 gānguō	喙 huì	纠葛 jiūgé	聆听 língtīng
擀 gǎn	荤 hūn	揪 jiū	零散 língsǎn
赣 gàn	混沌 hùndùn	臼齿 jiùchǐ	绺 liǔ
篙 gāo	豁口 huōkǒu	厩 jiù	陇 lǒng
镐 gǎo	豁免 huòmiǎn	拘泥 jūnì	篓 lǒu
隔阂 géhé	羁绊 jībàn	锯齿 jùchǐ	卤素 lǔsù
庚 gēng	即便 jíbiàn	踞 jù	虏 lǔ
哽咽 gěngyè	急遽 jíjù	撅 juē	掳 lǔ
麓 lù	涅槃 nièpán	黔 qián	神龛 shénkān
屡 lǚ	啮 niè	谴责 qiǎnzé	生肖 shēngxiào
绿林 lùlín	镍 niè	强求 qiángqiú	时分 shífēn（旧读 shífèn）
捋 lǚ 或 luō	蘖 niè	悄然 qiǎorán	拾掇 shíduo
摞 luò	疟疾 nüèji	悄声 qiǎoshēng	矢 shǐ
鳗 mán	讴歌 ōugē	跷 qiāo	侍 shì
螨 mǎn	牌坊 páifāng	锹 qiāo	恃 shì
蟒 mǎng	盘踞 pánjù	鞘 qiào	舐 shì
卯 mǎo	畔 pàn	惬意 qièyì	噬 shì
铆 mǎo	咆哮 páoxiào	钦差 qīnchāi	螫 shì
昧 mèi	袍子 páozi	沁 qìn	枢 shū
媚 mèi	炮制 pàozhì	情不自禁 qíngbùzìjīn	倏然 shūrán

续前表

迷惘 míwǎng	配角 pèijué	罄 qìng	孰 shú
糜烂 mílàn	抨击 pēngjī	祛 qū	赎 shú
觅 mì	坯 pī	蛆 qū	恕 shù
幂 mì	毗邻 pílín	躯壳 qūqiào	庶民 shùmín
渺 miǎo	痞子 pǐzi	蜷 quán	水獭 shuǐtǎ
藐视 miǎoshì	癖 pǐ	阙 què	吮 shǔn
蔑 miè	媲美 pìměi	妊娠 rènshēn	思忖 sīcǔn
皿 mǐn	漂泊 piāobó	冗长 rǒngcháng	伺机 sìjī
抿 mǐn	瓢 piáo	蹂躏 róulìn	祀 sì
泯灭 mǐnmiè	瞟 piǎo	如释重负 rúshìzhòngfù	俟 sì
冥想 míngxiǎng	瞥 piē	汝 rǔ	怂恿 sǒngyǒng
谬论 miùlùn	屏息 bǐngxī	褥 rù	绥 suí
摹 mó	剖 pōu	仨 sā	蓑衣 suōyī
模板 múbǎn	匍匐 púfú	卅 sà	坍塌 tāntā
魔爪 mózhǎo	蒲公英 púgōngyīng	搔 sāo	搪塞 tángsè
蓦然 mòrán	圃 pǔ	缫 sāo	绦虫 tāochóng
眸 móu	沏 qī	臊 sào	特赦 tèshè
目睹 mùdǔ	栖息 qīxī	瑟 sè	挑衅 tiǎoxìn
募 mù	祈 qí	杀戮 shālù	佟 tóng
内省 nèixǐng	畦 qí	霎时 shàshí	铜臭 tóngxiù
捺 nà	鳍 qí	山坳 shān'ào	捅 tǒng
挠 náo	绮丽 qǐlì	山涧 shānjiàn	投奔 tóubèn
溺 nì	气馁 qìněi	山麓 shānlù	吐血 tùxiě
腻 nì	迄 qì	杉木 shānmù	湍急 tuānjí
拈 niān	契 qì	煽动 shāndòng	颓废 tuífèi
黏 nián	器皿 qìmǐn	扇动 shāndòng	吞噬 tūnshì
捻 niǎn	前仆后继 qiánpūhòujì	赡养 shànyǎng	拖累 tuōlěi
撵 niǎn	钳工 qiángōng	商贾 shānggǔ	瓦砾 wǎlì
廿 niàn	乾 qián	商榷 shāngquè	剜 wān
袅袅 niǎoniǎo	潜移默化 qiányímòhuà	深邃 shēnsuì	皖 wǎn
威吓 wēihè	牙龈 yáyín	痈 yōng	撰 zhuàn
违约 wéiyuē	湮没 yānmò	壅 yōng	篆 zhuàn

续前表

慰藉 wèijiè	腌 yān	臃肿 yōngzhǒng	坠 zhuì
紊乱 wěnluàn	焉 yān	有的放矢 yǒudìfàngshǐ	蔗 zhè
瓮 wèng	俨然 yǎnrán	隅 yú	砧 zhēn
涡 wō	衍 yǎn	谕 yù	斟 zhēn
污秽 wūhuì	眼睑 yǎnjiǎn	垣 yuán	臻 zhēn
呜咽 wūyè	漾 yàng	苑 yuàn	朕 zhèn
无垠 wúyín	摇曳 yáoyè	陨石 yǔnshí	症结 zhēngjié
毋 wú	窈窕 yǎotiǎo	运筹 yùnchóu	执拗 zhíniù
吾 wú	要挟 yàoxié	咂 zā	炙 zhì
梧桐 wútóng	噎 yē	哉 zāi	桎梏 zhìgù
兮 xī	曳 yè	糟粕 zāopò	滞留 zhìliú
犀利 xīlì	一瞥 yīpiē	择菜 zháicài	冢 zhǒng
戏谑 xìxuè	依偎 yīwēi	仄 zè	诸如此类 zhūrúcǐlèi
辖 xiá	贻误 yíwù	憎恶 zēngwù	缀 zhuì
涎 xián	胰腺 yíxiàn	铡 zhá	赘 zhuì
霰 xiàn	邑 yì	斋 zhāi	卓 zhuó
相称 xiāngchèn	驿站 yìzhàn	粘连 zhānlián	拙 zhuō
相间 xiāngjiàn	翌日 yìrì	瞻 zhān	灼 zhuó
楔 xiē	熠熠 yìyì	占卜 zhānbǔ	酌 zhuó
挟 xié	阴霾 yīnmái	蘸 zhàn	着落 zhuóluò
偕 xié	荫庇 yìnbì	昭 zhāo	着想 zhuóxiǎng
屑 xiè	殷红 yānhóng	沼气 zhǎoqì	着意 zhuóyì
械 xiè	吟 yín	诏 zhào	自给 zìjǐ
亵渎 xièdú	寅 yín	辙 zhé	渍 zì
羞怯 xiūqiè	淫秽 yínhuì	褶 zhě	棕榈 zōnglǘ
戌 xū	引擎 yǐnqíng	诸位 zhūwèi	诅咒 zǔzhòu
须臾 xūyú	膺 yīng	主角 zhǔjué	攥 zuàn
喧嚣 xuānxiāo	萦绕 yíngrào	伫立 zhùlì	作祟 zuòsuì
癣 xuǎn	酉 yǒu	贮 zhù	
眩晕 xuànyùn	釉 yòu	拽 zhuài	

（周长文　杨茜）